Monetary Economics

金融論の
楽々問題演習

滝川好夫［著］

基礎からわかる
金融論をはじめて**学ぶ**人も**納得**できる
金融論の**問題**集

税務経理協会

序　文

I　本書のPR

　大学の学部定期試験，大学院入学試験，証券アナリスト試験などの試験を受けようとしている学生に，「何か良い問題集はありませんか」としばしば尋ねられます。そこで，書店に行って，金融論の問題集を探してもまったく見当たりません。私の学生時代には金融論の問題集があり，それは論述形式の問題集でしたが，結構役に立ったことを覚えています。現在では，金融論の内容も，学習スタイルも変わり，それに合った問題集が本書です。中学，高校時代にいろいろな問題集で問題演習を行ってきた学生にとって，金融論を学ぶ際に問題集がないというのはどうも不安のようです。限られた時間で無駄なく問題演習ができるように，また問題演習を中心に試験勉強している人にとっては，問題を解きながら体系的に金融論を理解できるように書き上げたのが本書です。

II　本書の特徴と使用法

　本書は，金融論の試験勉強に役立つことを目標に書かれた，金融論の標準問題集です。その特徴と使用法は次の2点です。

(1)　**試験問題の基本パターンを網羅した問題集**
　本問題集は「Part 1　金融機構論の標準問題」「Part 2　金融経済論の標準問題」の2部から構成され，Part 1は金融の制度面，Part 2は金融の理論および政策面をそれぞれ取り上げています。時間が十分あれば，同種の問題であっても，いろいろなパターンを演習することは価値あるかもしれませんが，大半の受験者は限られた時間の中で，複数科目の受験準備をしなければならず，金

融論の学習，その中でも問題演習に費やすことのできる時間は限られているように思えます。本書は，試験問題の基本パターンを網羅しています。各基本パターンについては1問のみ出題しているので，限られた時間で無駄なく受験勉強できます。すべての問題を解けるようにして下さい。

(2) 「整理して暗記する」ための問題集

本書は「整理して暗記する」ための問題集であるので，問題の順番，問いの順番がストーリーになっています。整理して暗記するためには，本書の問題・問いを順番通りに演習して下さい。1つの問題を理解できれば次の問題に進み，理解できなければ前の問題に戻って下さい。

2007年1月

神戸大学大学院経済学研究科　滝川好夫

（付記）

本書の作成に当たっては，税務経理協会の武田力氏にたいへんお世話になった。ここに，記して感謝申し上げます。

目次
CONTENTS

序　文

Part 1　金融機構論の標準問題

Chapter I　金融システムと金融取引　　3

I　金融システムの全体図：資金循環統計 …………………… 3
　問題1－1　資金循環統計……………………………………… 3
　問題1－2　金融取引表の作成………………………………… 5
II　金融システムの過去・現在・未来：金融構造の変遷 …… 7
　問題1－3　金融取引表の作成：直接金融 vs. 間接金融 …… 7
　問題1－4　直接金融と間接金融……………………………… 9
　問題1－5　本源的証券と間接証券……………………………12
III　金融取引をなぜ，どのようにして行うのか：金融取引の
　　機能と類型化 ………………………………………………12
　問題1－6　金融取引の機能……………………………………12
　問題1－7　金融取引の類型化…………………………………13
IV　金融取引にはリスクが潜んでいます：リスクマネジメント ……14
　問題1－8　リスクマネジメント………………………………14
V　金融システムの安定性：信用秩序の維持 …………………16
　問題1－9　プルーデンス政策…………………………………16

Chapter II　金融機関　　　　　　　　　　　　　　　　　19

Ⅰ　金融機関に何を期待できるのか：金融機関の役割 ……………19
　問題2－1　金融機関の役割……………………………………19
Ⅱ　どのような金融機関と取引するのか：金融機関の種類………21
　問題2－2　金融機関……………………………………………21
Ⅲ　何を受け取り，何で支払うのか：決済システムの鳥瞰図………23
　問題2－3　決済システム………………………………………23
Ⅳ　金融機関は健全か：金融機関の格付け …………………………28
　問題2－4　金融機関の格付け…………………………………28

Chapter III　銀　　行　　　　　　　　　　　　　　　　　　31

Ⅰ　銀行とどのような取引を行うのか：銀行の業務 ………………31
　問題3－1　銀行の貸借対照表と損益計算書…………………31
　問題3－2　銀行の業務…………………………………………35
Ⅱ　銀行に何を期待できるのか：銀行の役割 ………………………36
　問題3－3　銀行の役割…………………………………………36
　問題3－4　情報の非対称性と銀行の情報生産機能…………39
Ⅲ　銀行は健全か：自己資本比率 ……………………………………40
　問題3－5　セイフティネット…………………………………40
　問題3－6　自己資本比率規制…………………………………41

Chapter IV　証券会社と保険会社　　　　　　　　　　　　43

Ⅰ　証券会社とどのような取引を行うのか：証券会社の業務………43
　問題4－1　証券業：免許制 vs. 登録制 ………………………43
　問題4－2　証券業………………………………………………44
Ⅱ　証券会社に何を期待できるのか：証券会社の役割 ……………46
　問題4－3　証券会社の役割……………………………………46

目　次

Ⅲ　保険会社とどのような取引を行うのか：保険会社の業務…………47
　問題 4 － 4　保険会社の業務……………………………………………47
Ⅳ　保険会社に何を期待できるのか：保険会社の役割 ………………50
　問題 4 － 5　保険会社の役割……………………………………………50
Ⅴ　証券会社，保険会社は健全か：自己資本規制比率と
　　ソルベンシー・マージン比率 ………………………………………52
　問題 4 － 6　自己資本規制比率とソルベンシー・マージン比率………52

Chapter Ⅴ　金　融　商　品　　　　　　　　　　　　　　　55

Ⅰ　金融商品の性質……………………………………………………………55
　問題 5 － 1　日本の家計金融資産の特徴………………………………55
Ⅱ　証券投資信託…………………………………………………………57
　問題 5 － 2　証券投資信託………………………………………………57
Ⅲ　債　　　　券……………………………………………………………57
　問題 5 － 3　債券保有構造の変化………………………………………57
Ⅳ　株　　　　式……………………………………………………………59
　問題 5 － 4　日本における株式保有状況………………………………59
Ⅴ　金融商品の保護………………………………………………………61
　問題 5 － 5　金融商品の保護……………………………………………61

Chapter Ⅵ　金　融　市　場　　　　　　　　　　　　　　　65

Ⅰ　金融商品はどこで取引されていますか：金融市場の機能
　　と類型化 …………………………………………………………………65
　問題 6 － 1　短期金融市場………………………………………………65
　問題 6 － 2　資　本　市　場……………………………………………68
Ⅱ　株・金利・円：金利・利回り，株価および為替レート ………68
　問題 6 － 3　長期金利と短期金利………………………………………68
　問題 6 － 4　株式の投資尺度と配当利回り……………………………70

iii

問題 6 − 5　　先物為替レート……………………………………………73

Chapter Ⅶ　通　　貨　　79

Ⅰ　マネタリーベース：ハイパワードマネー ……………………………79
　　問題 7 − 1　　貨幣の機能………………………………………………79
　　問題 7 − 2　　ハイパワードマネー ……………………………………81
Ⅱ　マネーサプライ：通貨供給量 …………………………………………83
　　問題 7 − 3　　マネーサプライの定義…………………………………83

Chapter Ⅷ　日本銀行の金融調節と金融政策　　87

Ⅰ　日本銀行：ＢＯＪとＭＯＦ ……………………………………………87
　　問題 8 − 1　　日 本 銀 行………………………………………………87
Ⅱ　金融調節：日銀当座預金増減要因と金融調節 ………………………89
　　問題 8 − 2　　日本銀行の金融調節……………………………………89
Ⅲ　金融政策の 2 段階アプローチ：金融政策の運営 ……………………92
　　問題 8 − 3　　日本銀行の金融政策……………………………………92
　　問題 8 − 4　　金融政策の運営…………………………………………94

Chapter Ⅸ　金融派生商品（デリバティブ）　　97

Ⅰ　先物市場と取引のしくみ：先物・先渡し取引 ………………………97
　　問題 9 − 1　　わが国の株価指数先物取引……………………………97
Ⅱ　スワップ市場と取引のしくみ：スワップ取引 ……………………101
　　問題 9 − 2　　スワップ ………………………………………………101
Ⅲ　オプション市場と取引のしくみ：オプション取引 ………………103
　　問題 9 − 3　　オプション取引 ………………………………………103

目　次

Part 2　金融経済論の標準問題

ChapterⅩ　景気：45度線分析　　107

Ⅰ　ＧＤＰ ……………………………………………………………………107
　問題10－1　ＧＤＰ ……………………………………………………107
Ⅱ　45度線モデル …………………………………………………………109
　問題10－2　45度線モデル ……………………………………………109
Ⅲ　ＧＤＰと個人消費 ……………………………………………………113
　問題10－3　ライフ・サイクル仮説 …………………………………113
　問題10－4　消　費　関　数 …………………………………………114

ChapterⅪ　金利：ＩＳ－ＬＭ分析　　115

Ⅰ　金　　　利 ……………………………………………………………115
　問題11－1　イールドカーブ …………………………………………115
Ⅱ　ＩＳ－ＬＭモデル ……………………………………………………120
　問題11－2　ＩＳ－ＬＭ分析 …………………………………………120
　問題11－3　ＩＳ－ＬＭモデルと金融・財政政策 …………………125
　問題11－4　ＩＳ曲線・ＬＭ曲線の特殊ケースと金融・財政政策 ………126
Ⅲ　金利と民間投資 ………………………………………………………131
　問題11－5　資本の限界効率（投資の限界効率）……………………131
　問題11－6　トービンのq ……………………………………………132
　問題11－7　投資の諸理論 ……………………………………………132
Ⅳ　金利と貨幣需要 ………………………………………………………134
　問題11－8　貨幣需要関数 ……………………………………………134
　問題11－9　流動性のわな ……………………………………………135
Ⅴ　株式の価格 ……………………………………………………………137
　問題11－10　資産価格のバブル ………………………………………137

v

ChapterⅫ　物価：ＡＤ－ＡＳ分析　139

Ⅰ　一般物価水準 ……………………………………………………139
　問題12－1　実質ＧＤＰとＧＤＰデフレーター ………………………139
Ⅱ　経済のサプライサイド：ＡＳ曲線 ………………………………141
　問題12－2　古典派とケインズ派 ……………………………………141
Ⅲ　経済のディマンドサイド：ＡＤ曲線 ……………………………142
　問題12－3　ＡＤ曲線の形状 …………………………………………142
Ⅳ　ＡＤ－ＡＳモデル ………………………………………………143
　問題12－4　ＡＤ－ＡＳ（総需要－総供給）分析 …………………143

ChapterⅩⅢ　為替レート　147

Ⅰ　金 利 裁 定 ………………………………………………………147
　問題13－1　金 利 裁 定 ………………………………………………147
Ⅱ　為替レートの決定：短期 …………………………………………149
　問題13－2　為替レートの決定理論 …………………………………149
Ⅲ　為替レートの決定：長期 …………………………………………151
　問題13－3　購買力平価説 ……………………………………………151

ChapterⅩⅣ　個　　　人　153

Ⅰ　消費と貯蓄の選択 …………………………………………………153
　問題14－1　消費と貯蓄の選択 ………………………………………153
Ⅱ　ポートフォリオ理論 ………………………………………………154
　問題14－2　宝くじと期待効用定理 …………………………………154
　問題14－3　リスクに対する態度とリスク回避度 …………………156
　問題14－4　リスク・プレミアム ……………………………………158
　問題14－5　投資家の期待効用最大化：平均・分散アプローチ ……161
　問題14－6　最適ポートフォリオ ……………………………………163

目　次

　　問題14−7　分　離　定　理 ……………………………………………168
　Ⅲ　ＣＡＰＭ（資本資産評価モデル）……………………………………171
　　問題14−8　ＣＡＰＭ ………………………………………………171
　　問題14−9　ＣＡＰＭ ………………………………………………173

Chapter XV　企　　　業　　　　　　　　　　　　　　　　　　175

　Ⅰ　投資決定理論 …………………………………………………………175
　　問題15−1　キャッシュ系列の現在価値 …………………………175
　Ⅱ　ＭＭ理論 ………………………………………………………………177
　　問題15−2　最適資本構成 …………………………………………177
　Ⅲ　財　務　政　策 ………………………………………………………179
　　問題15−3　配当政策と理論株価：モジリアニ＝ミラーの定理 …………179

Chapter XVI　民　間　銀　行　　　　　　　　　　　　　　　　183

　Ⅰ　マネーサプライと信用創造 …………………………………………183
　　問題16−1　貨　幣　乗　数 …………………………………………183
　Ⅱ　銀　行　行　動 ………………………………………………………185
　　問題16−2　銀　行　行　動 …………………………………………185

Chapter XVII　日　本　銀　行　　　　　　　　　　　　　　　　189

　Ⅰ　ハイパワードマネーと金融調節 ……………………………………189
　　問題17−1　ハイパワードマネーとマネーサプライ ………………189
　Ⅱ　金　融　政　策 ………………………………………………………190
　　問題17−2　金　融　政　策 …………………………………………190
　Ⅲ　金融政策の波及経路 …………………………………………………192
　　問題17−3　貨幣供給量と名目金利 …………………………………192

Part 1

金融機構論の標準問題

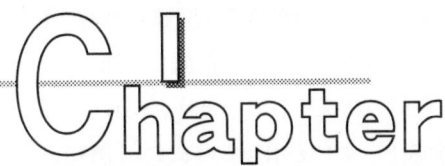

金融システムと金融取引

I 金融システムの全体図：資金循環統計

問題1-1 資金循環統計

(1) 資金循環統計は「金融取引表」「金融資産・負債残高表」「調整表」からなっています。3つの表の関係を説明しなさい。
(2) 金融取引表の見方を説明しなさい。

≪解答＆解答の解説≫

(1) 資金循環統計は，経済主体（部門）ごとに，各金融商品（取引項目）の取引フロー額あるいは資産・負債ストック額を記録しています。資金循環統計は，「金融取引表（資金フロー表）」「金融資産・負債残高表（資金ストック表）」「調整表」の3つの表によって構成され，「資金フロー」はある一定期間の資金量，「資金ストック」はある一定時点における資金量をそれぞれ意味しています。金融取引表，金融資産・負債残高表，調整表の関係は，次のとおりです 答え 。

　　　今期首の「金融資産・負債残高表」
　　　　　　　　　　（例えば，平成19年1月1日の資金ストック）
＋）今期間中の「金融取引表」　　　　（平成19年中の資金フロー）
＋）今期間中の「調整表」
　　　今期末の「金融資産・負債残高表」（平成19年12月31日の資金ストック）

Part 1　金融機構論の標準問題

「金融取引表」は，一定期間の取引額，つまり金融資産・負債の増減（資金フロー）を示しているので，プラス，マイナスいずれの数値も記録しています。「金融資産・負債残高表」は，取引の結果として一定時点において保有される金融資産・負債の残高（資金ストック）を示しています。「調整表」は，今期首（前期末）残高と今期末残高の差額と，今期中の取引額との乖離額を記録したものです。調整表に記録された計数は，時価で評価されている金融商品について，期間中の価格変化に伴う金融資産の保有損益（実現損益も含まれるので，「含み損益」の変化額とは異なります）の推定に利用することができます。

(2)　資金循環統計は金融活動全体の鳥瞰図です。縦列の部門分割と横行の取引項目（金融商品）分類が，金融取引表の2本柱です。縦列の部門は，資産欄と負債欄に分かれていますが，これは各金融商品が，債権者から見れば金融資産，債務者から見れば負債であるからです。例えば，預金は家計から見れば金融資産ですが，金融機関から見れば負債です。

「金融取引表」からは，ある期間の資金取引フローにかかわる，次の3つのことが分かります 答え 。

① どの部門が資金余剰，どの部門が資金不足

金融取引表の下から2つ目の行に「資金過不足」があります。各部門の負債欄を見れば，どの部門が資金余剰（＋：貯蓄超過），どの部門が資金不足（－：投資超過）であるのかが分かります。海外部門の資金過不足に（－1）をかけたものは，わが国の「経常収支＋その他資本収支」です。資金過不足を横に合計したものはゼロです。つまり，海外部門の資金不足は国内部門全体の資金余剰に等しくなります。

② 資金余剰部門ならばいかに資金運用，資金不足部門ならばいかに資金調達したか

金融取引表を，縦に見ると，資金余剰部門であれば，いかなる金融資産に資金運用（あるいは，いかなる負債を返済）しているのか，資金不足部門であれば，いかなる負債で資金調達（あるいは，いかなる金融資産を売

却）しているのかが分かります。
③ 資金（もとで）はどの部門からどの部門へ流れたか

金融取引表を，横に見ると，どの部門からどの部門へ，いかなる形態で資金（通貨・信用）が流れたかが分かります。金融取引表の縦と横の2つの組み合わせから，一国民経済の資金の流れを知ることができます。

==== 問題1－2　金融取引表の作成 ====

(1) 1年間の次の4つの経済活動を金融取引表に書き込みなさい。
① H氏は10億円の給与をもらって，全額を貯蓄した。
② H氏は10億円の貯蓄をすべて銀行に預金した。
③ （株）L社は銀行から10億円を借り入れた。
④ （株）L社は借り入れた10億円で事務機器を購入した。

(2) 上記の4つの経済活動のどれが「実物の世界」で，どれが「金融の世界」の出来事であるか答えなさい。

(3) 上記の4つの経済活動の中で，誰と誰の間にどのような「債権債務関係」が発生しましたか。

≪解答＆解答の解説≫

(1) 資金循環統計は，金融取引や，その結果として保有された金融資産・負債が，各経済主体（部門）ごとに，複式簿記の考え方に則って記録された包括的な統計です。たとえば，H氏が銀行に10億円を預金すると，家計の資産項目の現金通貨は－10，預金通貨は＋10，金融機関の資産項目の現金準備は＋10，負債項目の預金通貨は＋10と記入されます。

	銀行		非金融法人企業		家計	
	資産	負債	資産	負債	資産	負債
預　　金		＋10			＋10	
貸　　出	＋10			＋10		
資金過不足				－10		＋10

⑵　私たちは「投資」を行っています。実物商品（例えば，事務機器）に投資することもあれば，金融商品（例えば，預金）に投資することもあります。いずれの商品であろうが，商品を買うことは「資金の使途」（金銭の使い道）と呼ばれています。実物商品に投資することを「投資」，金融商品に投資することを「金融資産の純増」とそれぞれ呼べば，

　　資金の使途＝投資＋金融資産の純増

です。では，商品を買う資金はどこから出てきたのでしょうか。資金の出所（「もとで」とする金銭の出所）は「資金の源泉」と呼ばれ，それは自己資金からか，他人からの資金調達かのいずれかです。自己資金を「貯蓄」，他人からの資金調達を「負債の純増」とそれぞれ呼べば，

　　資金の源泉＝貯蓄＋負債の純増

です。

　資金の源泉は「金銭の入」，資金の使途は「金銭の出」ですが，私たちに入ってきた金銭はすべて出て行きます。支出せずに手元で現金の形で保有していたとしても，それは現金通貨という形での「金融資産の純増」とみなされるので，

　　資金の源泉＝資金の使途

であり，したがって，

　　貯蓄＋負債の純増＝投資＋金融資産の純増
　　（資金の源泉）　　（資金の使途）

です。これは，

　　　貯蓄－投資　＝金融資産の純増－負債の純増
　　（貯蓄投資差額）　　　　（資金過不足）

と書き換えることができます。左辺の「貯蓄－投資」は「貯蓄投資差額」，右辺の「金融資産の純増－負債の純増」は「資金過不足」とそれぞれ呼ばれ，同じ大きさです。つまり，実物の世界からは「貯蓄投資差額」，金融の世界からは「資金過不足」とそれぞれ呼ばれ，「貯蓄投資差額と資金過不足は，実物の世界と金融の世界の繋ぎ目である」といわれています。

①(貯蓄),④(投資)は「実物の世界」,②(金融資産の純増),③(負債の純増)は「金融の世界」の出来事です。 答え 。

> 【知っておきましょう】　貯蓄超過・資金余剰と投資超過・資金不足
> 「貯蓄＞投資」は「貯蓄超過」,「金融資産の純増＞負債の純増」は「資金余剰」とそれぞれ呼ばれ,貯蓄超過と資金余剰は実物の世界と金融の世界のそれぞれの呼称です。資金が余剰,つまり「もとでとする金銭」が余っているので,金融資産を増やすか,負債を減らすかします。逆に,「貯蓄＜投資」は「投資超過」,「金融資産の純増＜負債の純増」は「資金不足」とそれぞれ呼ばれ,投資超過と資金不足は実物の世界と金融の世界のそれぞれの呼称です。資金が不足,つまり「もとでとする金銭」が足りないので,金融資産を減らすか,負債を増やすかします。

(3) 金融取引表を,横に見ると,どの部門からどの部門へ,いかなる形態で資金(通貨・信用)が流れたかが分かります。あるいは,どの部門とどの部門の間にどのような「債権債務関係」が発生したかが分かります。本問題での債権債務関係の発生は次のとおりです。 答え 。
　預金：H氏が債権者,銀行が債務者
　貸出(借入)：銀行が債権者,(株)L社が債務者

II　金融システムの過去・現在・未来：金融構造の変遷

問題1－3　金融取引表の作成：直接金融 vs. 間接金融

(1)　1年間の次の4つの経済活動を金融取引表に書き込みなさい。
　①　H氏は10億円の給与をもらって,全額を貯蓄した。
　②　H氏は10億円の貯蓄のうち8億円を銀行に預金し,2億円で(株)L社発行の事業債を購入した。

③ (株)L社は8億円を銀行から借り入れ，2億円を事業債発行で調達した。
④ (株)L社は調達した10億円で事務機器を購入した。
(2) 問(1)で作成した金融取引表を用いて，直接金融と間接金融の違いを説明しなさい。
(3) 上記の4つの経済活動の中で，誰と誰の間にどのような「債権債務関係」が発生しましたか。

≪解答＆解答の解説≫

	銀行		非金融法人企業		家計	
	資産	負債	資産	負債	資産	負債
預　　金		＋8			＋8	
貸　　出	＋8			＋8		
事 業 債				＋2	＋2	
資金過不足				－10		＋10

(2) 直接金融：家計→(事業債)→非金融法人企業
　　間接金融：家計→(預金)→銀行→(貸出)→非金融法人企業
　本問題では，最終的貸手（家計）は，余剰資金10のうち，8を金融仲介機関（銀行）に預金し，2で最終的借手（非金融法人企業）が発行した事業債を購入しています。この2が直接金融の流れです。銀行は家計から預金として受け入れた8を，非金融法人企業に貸し出しています。この8は家計から銀行を仲介した非金融法人企業への間接金融の流れです。
(3) 預金：H氏が債権者，銀行が債務者
　　貸出（借入）：銀行が債権者，(株)L社が債務者
　　事業債：H氏が債権者，(株)L社が債務者

Chapter I 金融システムと金融取引

―― 問題1－4　直接金融と間接金融 ――

　直接金融と間接金融に関する次の記述のうち，正しくないものはどれですか。

A　直接金融とは最終的借手が発行する本源的証券を最終的貸手が直接取得する取引である。

B　直接金融は主として証券会社が仲介する資金取引であり，間接金融は主として銀行等金融仲介機関が行う資金取引である。

C　間接金融とは，金融仲介機関が最終的貸手に対して間接証券を発行し，最終的借手の発行する本源的証券を取得する取引である。

D　間接金融では金融仲介機関が資産変換機能を果たすが，直接金融では同様の機能を証券会社が果たす。

≪解答＆解答の解説≫

　答え はDです。というのは，直接金融では，証券会社は資産変換機能を果たさないからです。最終的貸手（家計）が預けた預金は，金融仲介機関（銀行等）により最終的借手（企業等）に貸し出されます。この場合，最終的貸手は最終的借手に対して直接債権をもつわけではなく，銀行等が最終的借手に対する債権者となります。そのため，預金のリスク（債務不履行リスクなど）や流動性は，最終的借手に対する貸出債権のリスク（債務不履行リスクなど）や流動性とは異なったものとなります。預金は「間接証券」と呼ばれ，安全であり，流動性も高く（つまり，いつでも現金化することができます），一方，最終的借手に対する貸出債権は「本源的証券」と呼ばれ，ある程度の債務不履行リスクを伴うし，流動性も低いものです。金融仲介機関を通した資金の流れにおいては，最終的貸手，最終的借手間のリスクと流動性は金融仲介機関により変換されます。

Part 1 金融機構論の標準問題

【知っておきましょう】 直接金融と間接金融

　最終的貸手（図の右側）から最終的借手（図の左側）への金融市場（図の上側）を通じた資金の直接の流れは「直接金融」，銀行等の金融仲介機関（図の下側）を経由した資金の間接的な流れは「間接金融」とそれぞれ呼ばれています。「直接金融」では，最終的貸手と最終的借手の間で，通貨と本源的証券（株式，債券など）の交換取引が行われます。つまり，最終的借手は本源的証券を発行し，通貨を獲得します。最終的貸手は本源的証券を購入し，通貨を提供します。証券会社は，最終的貸手と最終的借手の間に立って，本源的証券の売買取引を媒介します。「間接金融」では，最終的貸手と金融仲介機関（銀行など）の間で，通貨と間接証券（預金など）の交換取引が行われます。つまり，金融仲介機関は間接証券を発行し，通貨を獲得します。最終的貸手は間接証券を購入し，通貨を提供します。最終的借手と金融仲介機関の間で，通貨と本源的証券の交換取引が行われます。つまり，最終的借手は本源的証券を発行し，通貨を獲得します。金融仲介機関は本源的証券を購入し，通貨を提供します。

図1－1　直接金融と間接金融

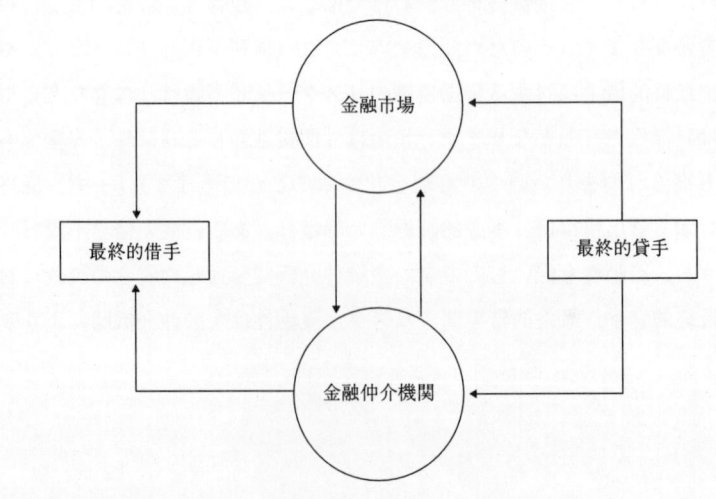

Chapter I 金融システムと金融取引

【知っておきましょう】 資金循環分析と金融構造

資金循環統計を用いて金融構造の変化を分析することは「資金循環分析」と呼ばれています。金融機関を中心に据えて，部門間の資産負債を関連付けると，一国の金融構造を鳥瞰することができます。

図1-2 資金の流れ（速報：2004年末，兆円）

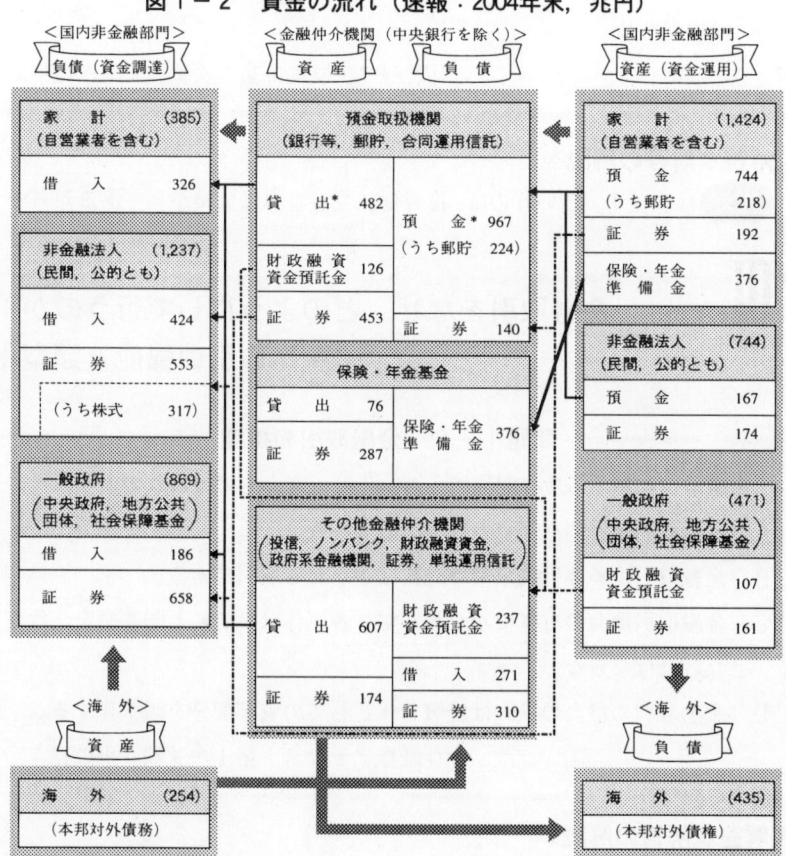

(注) 1 各部門の内訳計数は主要科目のみ掲載。
2 ＊印を付したものは部門内資産・負債をネットアウトした金額。
3 貸出（借入）には，日銀貸出金，コール，買入手形・売渡手形，民間金融機関貸出金，公的金融機関貸出金，非金融部門貸出金，割賦債権，現先・債券貸借取引が含まれる。
4 証券には，株式・出資金および株式以外の証券（国債・財融債，金融債，事業債，投資信託受益証券，信託受益権等）が含まれる。
(資料) 日本銀行のホームページ

問題1－5　本源的証券と間接証券

次の金融商品のうち，本源的証券でないものはどれですか。
A　新株引受権付社債
B　地　方　債
C　投資信託受益証券
D　政府保証債

（「証券アナリスト第1次試験」平成12年）

≪解答＆解答の解説≫

答えはCです。というのは，投資信託受益証券は間接証券であるからです。

III　金融取引をなぜ，どのようにして行うのか：金融取引の機能と類型化

問題1－6　金融取引の機能

金融取引に関する次の記述のうち，正しくないものはどれですか。
A　金融取引は異時点間での資金取引である。
B　金融取引は条件付請求権の売買にかかわる取引である。
C　金融取引機会の有無にかかわらず，各主体は投資額と貯蓄額を一致させなければならない。
D　金融取引の機会の拡大は経済全体としての資源配分を効率化する。

（「証券アナリスト第1次試験」平成12年）

≪解答＆解答の解説≫

答えはCです。というのは，金融取引機会つまり貸借の機会があれば，各経済主体は資金過不足をゼロ（つまり，貯蓄投資差額をゼロ）にする必要がないからです。「金融」とは，「資『金の融』通」の意味であり，資金余剰者は資金不足者に資金を融通し，逆に，資金不足者は資金余剰者から資金を融通して

Chapter I 金融システムと金融取引

もらいます。

【知っておきましょう】 金融取引の３つの機能
　資金余剰者が資金不足者に資金を融通し，逆に，資金不足者が資金余剰者から資金を融通してもらうと，次の３つの利益があり，それらが金融取引の機能です。
　① 金融取引は異時点間資金取引であり，実物経済全体の支出・生産水準を高めます。
　② 金融取引は資源配分の効率性を高めます。
　③ 金融取引は条件付請求権の売買にかかわる取引であり，リスクの分担を行わせます。

問題１－７　金融取引の類型化

　相対型金融取引と市場型金融取引に関する次の記述のうち，正しくないものはどれですか。
A　不特定多数の市場参加者の間で競争的に価格等の取引条件が決定されるという点では，相対型金融取引も市場型金融取引と同様である。
B　市場型取引では，不特定多数の経済主体による競り合いを通じて，価格など取引条件が決定される。
C　預貯金は相対型取引の典型であるが，一部に市場型取引もある。
D　相対型取引では流通市場が存在しないのが通常であるが，市場型取引では発行市場に加えて流通市場が存在する場合が多い。

≪解答＆解答の解説≫

　答えはAです。というのは，相対型金融取引は不特定多数の市場参加者の間ではなく，１対１で取引が行われるからです。

Part 1　金融機構論の標準問題

> 【知っておきましょう】　相対型金融取引と市場型金融取引
>
> 　金融商品の性質が金融取引の形態を規定します。つまり，金融商品のリターンとリスクを評価するために必要な情報を入手することの難易度の違いが金融取引の形態を次の2つに類型化します。
>
> ①　市場型取引
>
> 　　市場型金融商品（国債，株式など）の価値を評価するために必要な情報を入手することは容易です。情報は，多数の経済主体間で共有されているので，金融商品の等質的な評価が可能です。不特定多数の貸手・借手が，規格化・標準化された金融商品の取引を行うことができます。市場取引型の金融商品を第三者に転売することは容易です。
>
> ②　相対型取引
>
> 　　相対（あいたい）型金融商品（預金，貸出など）のリターンとリスクを評価するために必要な情報を入手することは困難です。取引の性格は個別的，相対的であり，相対型金融商品の評価は詳しい情報を入手しない限り容易ではありません。第三者が相対型の金融商品を評価するには高いモニタリング費用が必要であり，このような高いモニタリング費用のために第三者に転売することは困難です。

IV　金融取引にはリスクが潜んでいます：リスクマネジメント

問題1－8　リスクマネジメント

以下の金融取引表に示されている経済活動でリスクの問題を考えなさい。

①　H氏は10億円の給与をもらって，全額を貯蓄した。
②　H氏は10億円の貯蓄をすべて銀行に預金した。

③ (株)L社は銀行から10億円を借り入れた。
④ (株)L社は借り入れた10億円で事務機器を購入した。

(1) H氏, (株)L社, 銀行はそれぞれどのようなリスクに直面していますか。
(2) どのようにすればリスクを軽減できるかを説明しなさい。

≪解答&解答の解説≫

(1) 以下のように作成された金融取引表を, 横に見ると, どの部門からどの部門へ, いかなる形態で資金（通貨・信用）が流れたかが分かります。あるいは, どの部門とどの部門の間にどのような債権債務関係が発生したかが分かります。本問題での債権債務関係の発生は次のとおりです。

預金：H氏が債権者, 銀行が債務者
貸出（借入）：銀行が債権者, (株)L社が債務者

	銀行		非金融法人企業		家計	
	資産	負債	資産	負債	資産	負債
預金		+10			+10	
貸出	+10			+10		
資金過不足				−10		+10

したがって, H氏（家計）は資産を預金形態で保有することに伴う流動性リスク, 預金の債務不履行リスク（銀行の経営破綻リスク）, (株)L社（非金融法人企業）は事業リスク, 流動性リスク（借入金の早期返済リスク）, 銀行は流動性リスク（預金引出しリスク）, 貸出の債務不履行リスク（非金融法人企業の経営破綻リスク）にそれぞれ直面しています 答え 。

(2) ある特定のリスクに直面することは「リスク・エクスポージャー」と呼ばれています。リスク・エクスポージャーを増やすことにより利益を得ようとする人は「投機家」, 反対にリスク・エクスポージャーを減らすことにより利益を得ようとする人は「ヘッジャー」とそれぞれ呼ばれています。「リス

クマネジメント」は，貨幣の時間価値，資産価値の評価とあわせて，「ファイナンス」における3本柱といわれています。

　リスクを軽減するためのテクニックには，リスク回避，損失の予防，リスク保持，リスク移転の4つがあります。「リスク回避」は，リスクに直面しないように行動することです。「損失の予防」は，損失の発生を防いだり，損失の規模を最小限にとどめるようにすることです。損失の予防は，リスクを伴う行動の前でも後でもいずれにおいても行うことができます。「リスク保持」は，リスクを受け入れ，自らの費用で損失を埋め合わせることです。リスクの存在に気がつかないこと自体，リスク保持を行っていることになります。「リスク移転」は，リスクを他人に移転することです。

【知っておきましょう】　3種類のリスク移転方法

　リスク移転の方法には，ヘッジング，保険，分散化の3つの方法があります。リスクを「ヘッジ」すると同時に利益を得るチャンスも低下しますが，「保険」では保険料を支払ってリスクを回避できるほか，利益を得るチャンスはそのまま残っています。「分散化」とは，1つのリスク資産に投資するのではなく，複数のリスク資産に分散投資することです。

 金融システムの安定性：信用秩序の維持

===== 問題1－9　プルーデンス政策 =====

プルーデンス政策に関する次の記述のうち，正しいものはどれですか。

A　預金保険でカバーされる預金額の上限をできるだけ高くしたり，対象となる金融商品を金融債などにまで広げることは，家計などの資産運用者の市場規律を高める方向に作用する。

B　銀行などの金融機関が，自己資本比率規制をクリアーできるように，

保有株式の評価方法として取得原価法の採用を認めれば，金融機関の市場規律を高める方向に作用する。
C　銀行の貸し渋りに直面している中小企業に対して，信用保証制度を拡充することによって対処することは，借入企業の側でのモラルハザードを招く可能性がある。

(「証券アナリスト第1次試験」平成11年)

≪解答＆解答の解説≫

答えはCです。

A：預金保険でカバーされる預金額の上限を高くしたり，対象となる金融商品を金融債などにまで広げることは，モラルハザードにより家計などの資産運用者の市場規律を逆に弱める方向に作用する。

B：金融機関の市場規律を高めるためには，保有株式の評価方法を時価評価にしなければなりません。保有株式の評価方法として取得原価法の採用を認めれば，金融機関の市場規律を逆に弱める方向に作用する。

Chapter 2

金融機関

I 金融機関に何を期待できるのか：金融機関の役割

―― 問題2－1　金融機関の役割 ――

金融機関の役割に関する次の記述のうち，正しくないものはどれですか。
A　審査と契約遂行を効率的に行うことによって金融取引費用を節約する。
B　投資視野が短期の資金を長期・固定的な用途の資金に変換する。
C　企業との長期的な関係を維持することによって，企業と市場との間の情報の非対称性を縮小させる。
D　貯蓄の形成を先取りする形で先行して信用を創造する。

（「証券アナリスト第1次試験」平成13年）

≪解答＆解答の解説≫

答えはCです。銀行と企業との長期的・継続的な関係は「リレーションシップ・バンキング」と呼ばれています。リレーションシップ・バンキングによって，企業・市場間ではなく，銀行・企業間の情報の非対称性を縮小させることができます。

Part 1　金融機構論の標準問題

【知っておきましょう】　金融機関の存在理由

　最終的貸手から最終的借手への資金の流れとして，「最終的貸手→最終的借手」と「最終的貸手→金融機関→最終的借手」のいずれが効率的な金融取引方法でしょうか。金融取引には，貸手が借手を，あるいは借手が貸手をそれぞれ見い出し，両者が取引条件で合意に達するまでの労力や時間という「狭義の取引コスト」がかかります。また，貸手が借手の支払能力や支払努力に関する情報を収集・分析・評価するためのモニタリング費用という「広義の取引コスト」がかかります。このような金融取引費用の存在を考えると，最終的貸手と最終的借手が取引を直接行うよりも，専門業者を仲介して取引する方が効率的である可能性があります。つまり，金融機関（銀行，証券会社などの専門業者）は，金融取引にかかる狭義・広義の取引費用の軽減・節約を通じて，金融取引の効率化を図ることに，その存在意義があります。

【知っておきましょう】　金融機関の6つの役割

　金融機関の形態は，国や時代により異なりますが，金融機関の役割は，国により，また時代により大きく変化することはありません。金融機関は，次の6つの役割を果たしてきましたし，果たしています。

① 時間を通じて，国境を越えて，そして産業間で，経済資源を移転する手段を提供しています。
② リスクを管理する手段を提供しています。
③ 取引を円滑に行うために決済処理する手段を提供しています。
④ 最終的借手に資金提供するために資金を集め，集めた資金を貸し出したり，投資したりするメカニズムを提供しています。
⑤ 分権化された意思決定を協調させるのに役立つ価格情報を提供しています。
⑥ 情報の非対称性が存在するとき，あるいは委任者・代理人（principal-

agent）関係が存在するときに生じるインセンティブ問題を処理する手段を提供しています。

II どのような金融機関と取引するのか：金融機関の種類

問題2－2　金融機関

金融機関に関する次の記述のうち，正しくないものはどれですか。

A　信用金庫や農業協同組合などは，預金受入れ金融機関である銀行とみなしうる。

B　保険会社は，本源的証券を間接証券に転換する機能を果たす金融仲介機関の1つである。

C　証券の売買等を主な業務とする証券会社は，直接金融の重要な担い手である。

D　住宅金融公庫は，租税を主要原資として住宅関連貸出を行う公的金融機関である。

（「証券アナリスト第1次試験」平成12年）

≪解答＆解答の解説≫

答え はDです。

A：信用金庫や農業協同組合などは「協同組織金融機関」と呼ばれ，協同組織であって株式会社組織でないという点で銀行とは異なります。信用金庫，農業協同組合，銀行は預金取扱金融機関という点では同じであり，信用金庫や農業協同組合などを銀行と呼ぶことはできませんが，銀行と類似しています。

D：「住宅金融公庫」は財政投融資制度の出口機関（公的金融機関）であり，融資原資は租税といった無償資金ではなく，簡易保険，郵便貯金，社会保障

Part1　金融機構論の標準問題

基金といった有償資金です。2005年7月6日「独立行政法人住宅金融支援機構法」が公布され，この法律に基づき，2007年4月1日に住宅金融公庫が廃止され，その権利及び義務を引き継ぐ「独立行政法人住宅金融支援機構」が設置されます。

【知っておきましょう】　わが国の金融機関

わが国の金融機関は，中央銀行，民間金融機関および公的金融機関に分類されます。

図2－1　わが国の金融機関

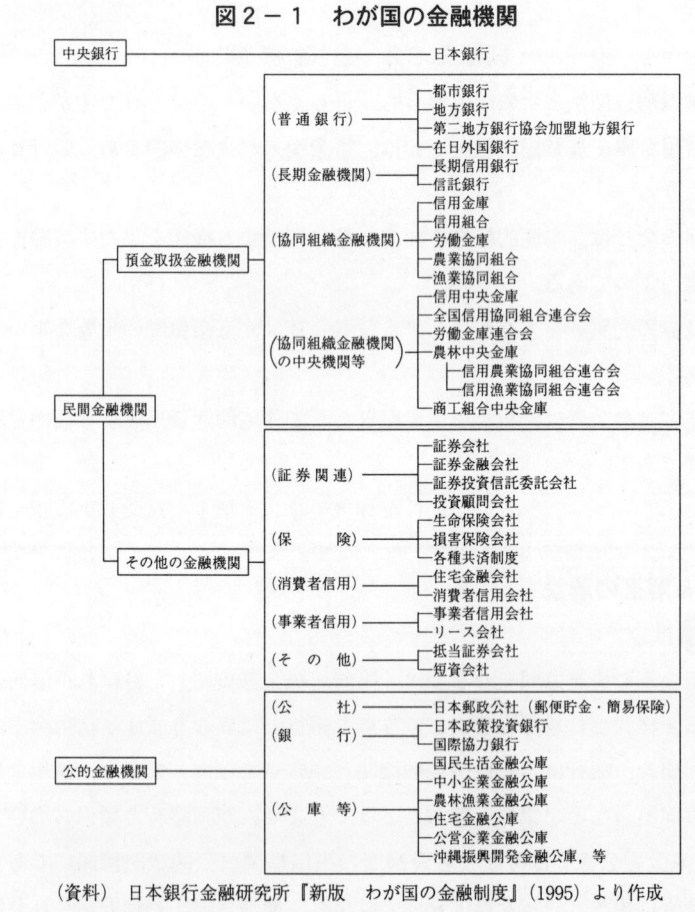

（資料）　日本銀行金融研究所『新版　わが国の金融制度』(1995)より作成

Chapter II 金融機関

III 何を受け取り，何で支払うのか：決済システムの鳥瞰図

問題2－3　決済システム

(1) 以下のAとBの経済活動を金融取引表に書き込みなさい。

A （株）FTVは10億円のモノを（株）L社に売り，10億円の現金を受け取った。逆に，（株）L社は8億円のモノを（株）FTVに売り，8億円の現金を受け取った。

B （株）FTVは10億円のモノを（株）L社に売り，10億円の約束手形を受け取った。逆に，（株）L社は8億円のモノを（株）FTVに売り，8億円の約束手形を受け取った。

(2) （株）L社は（株）FTVに対して，2億円を1円玉20億個で支払うことができるのか。

(3) 企業はモノを売って，なぜ現金ではなく約束手形を受け取るのか。

(4) （株）FTVの取引銀行をA銀行，（株）L社の取引銀行をB銀行とする。（株）FTV，（株）L社，A銀行，B銀行，手形交換所，日本銀行を書き入れた「手形交換制度」を図示しなさい。

(5) （株）L社が経営破綻したとき，（株）L社の振り出した手形はどうなるのか。

≪解答＆解答の解説≫

(1) A

	非金融法人企業 ((株)FTV)		非金融法人企業 ((株)L社)	
	資　産	負　債	資　産	負　債
現　　金	+10 －8		－10 +8	
資金過不足		+10 －8		－10 +8

Part 1 　金融機構論の標準問題

	非金融法人企業 ((株)FTV)		非金融法人企業 ((株)L社)	
	資　産	負　債	資　産	負　債
現　　　金	+2		−2	
資金過不足		+2		−2

B

	非金融法人企業 ((株)FTV)		非金融法人企業 ((株)L社)	
	資　産	負　債	資　産	負　債
企業間信用 (受取手形・支払手形)	+10	+8	+8	+10
資金過不足		+10 −8		−10 +8

	非金融法人企業 ((株)FTV)		非金融法人企業 ((株)L社)	
	資　産	負　債	資　産	負　債
企業間信用 (受取手形・支払手形)	+2			+2
資金過不足		+2		−2

(2) (株)L社が(株)FTVに対して2億円を1円玉20億個で支払うことを希望したとしても，(株)FTVは1円玉20枚までは受け取る義務はありますが，21枚以上の1円玉の受取りを拒否できます**答え**。商品を売って即座に受け取るモノ，商品を買って即座に支払うモノは「交換手段」と呼ばれています。商品を売ると売掛債権，商品を買うと買入債務が発生し，時間の経過ののちに（例えば，月末に）債権債務を清算することは「決済」，売掛債権に対して受け取るモノ，買入債務に対して支払うモノは「支払手段」とそれぞれ呼ばれています。交換手段と支払手段はあわせて「決済手段」と呼ばれ，主要なものとして現金通貨（日本銀行券と貨幣）と預金通貨があります。「日本銀行券」は無制限法貨，「貨幣」（1円玉，10円玉などの硬貨）は制限法貨として強制通用力を与えられている決済手段です。

(3) 約束手形は「手形を振り出した企業が3カ月後に現金を支払う」という約

Chapter Ⅱ　金融機関

束ですから，モノを売った企業は手形ではなく，即座に現金を受け取ることを欲するかもしれません。しかし，企業間の決済は慣行として約束手形で行われています。日本銀行券・貨幣は，すべての取引の決済に利用できる汎用性と，現金の受け渡しによって支払いが完了する支払完了性（ファイナリティ）という2つの特徴を有しているので，小口取引の決済手段として広く利用されています。しかし，現金通貨（日本銀行券と貨幣）の大量の受け払いには，かなりの物理的・時間的コストを要し，紛失・盗難のリスクもあるので，こうした欠点を補うために，小切手・手形，為替，口座振替，クレジット・カードなどが代替的な決済方法として利用されています。これらの決済方法は，企業間の決済，隔地間の送金，公共料金の受け払い，給与の受け払い，小売・通信販売代金の受け払いなどで利用され，預貯金者の指示により直ちに引き落とすことができる預金通貨（流動性預金）によって決済されています。

⑷　「決済システム」とは，決済が円滑に営まれる組織的な仕組みのことであり，わが国の主要な決済システムには，「手形交換制度」「内国為替決済制度（全銀システム）」「外国為替円決済制度」などの民間によって運営されている決済システムと，「日本銀行金融ネットワークシステム（日銀ネット）」において運営されている「日本銀行当座預金の受け払い」の4つのシステムがあります。「㈱FTVが10億円のモノを㈱L社に売り，10億円の約束手形を受け取った」つまり「㈱L社が10億円のモノを㈱FTVから買い，10億円の約束手形で支払った」としましょう。図中の番号に従って，「手形交換制度」を説明します。

① 　㈱L社は㈱FTVからモノを買い，約束手形で支払います。このとき，㈱L社は手形の振出人（絶対的な支払義務者），㈱FTVは手形の受取人です。

② 　手形を受け取った㈱FTVは，取引金融機関（B銀行）に手形を持ち込み，㈱L社からの取り立てを依頼します。

③ 　取立依頼を受けたB銀行は「取立銀行」と呼ばれ，「手形交換所」に手

形を持ち出します。このとき，B銀行は「持出銀行」と呼ばれます。
④　社員銀行，準社員銀行，客員は「本交換加盟銀行」と呼ばれ，直接手形交換所に出席して手形交換を行うことができますが，代理交換委託金融機関は本交換加盟銀行を通じてしか手形交換に参加できません。
⑤　手形交換所に手形を持ち出して取り立てる銀行は「持出銀行」，これを受け取って持ち帰る銀行は「持帰銀行」ないし「支払銀行」とそれぞれ呼ばれています。支払銀行（図中では，(株) L 社の取引金融機関であるＡ銀行）は，支払場所となっている自行店舗に手形を持ち帰り，支払義務者である(株) L 社の預金勘定から手形金額を引き落とします。
⑥　参加銀行が手形交換で持ち出した手形の枚数と受け取った手形の枚数の差は「手形交換尻」ないし「交換尻」と呼ばれ，持出手形（受取額）の方が多い場合は「勝（かち）」，逆に受取手形（支払額）の方が多い場合は「敗（まけ）」とそれぞれ呼ばれています。つまり，顧客間の債権債務を参加銀行間の債権債務に置き換えた上で相殺し，そのネットの差額が交換尻です。
⑦　交換尻は，日本銀行の本支店所在地では，日本銀行における加盟銀行の当座預金勘定を通じて交換当日の午後０時30分に振替決済が行われます。

Chapter Ⅱ　金融機関

図2－2　手形交換制度（東京手形交換所の場合）のしくみ

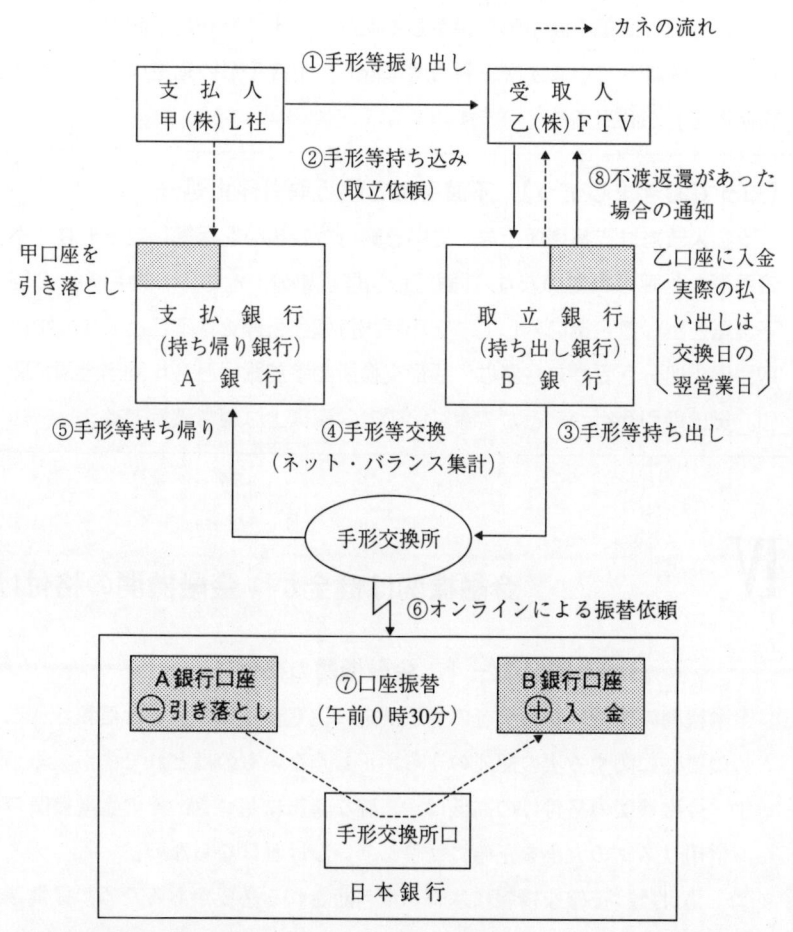

------▶　カネの流れ

```
                    ①手形等振り出し
      支 払 人    ─────────────▶    受 取 人
      甲(株)L社                      乙(株)FTV
          │                              ▲
          │      ②手形等持ち込み         │ ⑧不渡返還があった
          │         (取立依頼)           │   場合の通知
          ▼                              │
  甲口座を                                          乙口座に入金
  引き落とし                                      （実際の払）
                                                   い出しは
      支 払 銀 行                取 立 銀 行       交換日の
      (持ち帰り銀行)              (持ち出し銀行)    翌営業日
      Ａ 銀 行                    Ｂ 銀 行

      ⑤手形等持ち帰り  ④手形等交換   ③手形等持ち出し
                      (ネット・バランス集計)

                         手形交換所

                   ⑥オンラインによる振替依頼

  ┌─────────────────────────────────┐
  │  Ａ銀行口座    ⑦口座振替     Ｂ銀行口座        │
  │  ⊖引き落とし  (午前0時30分)   ⊕入　金         │
  │                                                │
  │          手形交換所口                          │
  │                                                │
  │              日 本 銀 行                       │
  └─────────────────────────────────┘
```

（資料）　日本銀行金融研究所『新版　わが国の金融制度』(1995) p.94より作成

(5) (株)ＦＴＶが(株)Ｌ社から受け取った手形が「不渡り」になることもあるので，(株)ＦＴＶが実際に手形を現金化できるのは，原則として日本銀行における決済日の翌営業日の特定時刻（不渡返還期限）以降です。「手形が落ちない」（支払義務者である(株)Ｌ社の預金勘定から手形金額を引き落とすことができない）場合，支払銀行（図中では，(株)Ｌ社の取引金融機関であ

るＡ銀行）は，持出銀行（図中では，（株）ＦＴＶの取引金融機関であるＢ銀行）の店舗に直接不渡手形を持参して返還します。これは不渡手形の「店舗返還」と呼ばれていますが，利用度は低く，不渡手形の返還は主として「逆交換返還」が利用されています。

> 【知っておきましょう】　不渡手形と銀行取引停止処分
>
> 　支払人または支払場所となっている銀行が支払いを拒絶した手形は「不渡手形」と呼ばれています。「銀行取引停止処分」とは，６カ月間に２回不渡届を出した企業に対して，２年間銀行取引を停止することです。銀行取引停止処分を受けた企業は，手形交換所の参加銀行と２年間当座預金取引，貸出取引を行うことができないので，事実上は経営破綻です。

Ⅳ　金融機関は健全か：金融機関の格付け

問題２－４　金融機関の格付け

　金融機関の格付けが預金者の意思決定に役立つ指標であると信頼されるための要件に関する次の記述のうち，正しくないものはどれですか。

① 　金融機関の格付けの高低は，正確な情報に基づき，その金融機関の信用リスクの大小を正確に反映していなければならない。

② 　格付けは正確な情報に基づいて判断される必要があるため，提供されるタイミングは遅くなってもかまわない。

③ 　格付けの中立性を維持するために，格付け機関は中立でなければならない。

④ 　金融機関の定量的・定性的情報が同一であった場合には，異時点間の同一対象，同一時点における複数対象は同水準の格付けが付けられるはずである。

Chapter Ⅱ　金融機関

≪解答＆解答の解説≫

① 正しい

　　金融機関格付けは，金融機関の信用リスクの大小を表しています。

② 正しくない 答え

　　金融機関の格付けはその時点での金融機関の信用リスクを示しています。新規に格付けを行う場合や格付けの変更を行う場合，できるだけ早いタイミングで現在の状態に関する見解を預金者に発表しなければなりません。

③ 正しい

　　格付け機関は中立でなければなりません。

④ 正しい

　　格付けは，時系列でみても横断面でみても一貫した定義がなされていなければなりません。

【知っておきましょう】　格付け記号

　格付けを利用することにより，金融機関の経営情報データを読みこなさなくとも，比較的容易に金融機関の健全性を判別できます。また，複数の金融機関の格付けを集めたランキング表をみれば，金融機関同士の健全性を比較することができます。ただし，それらの評価は，格付け機関の違いや評価時期によって変わります。格付けの結果は，分かりやすい格付け記号で表されています。「格付け記号」は，格付け機関が独自の表記法で定義しているため，各格付け機関ごとに異なっていますが，概ね似通ったものとなっています。長期債務については，ＡＡＡ（トリプル・エー），ＡＡ（ダブル・エー），Ａ（シングル・エー），ＢＢＢ，ＢＢ，Ｂ，ＣＣＣ，ＣＣ，Ｃといった９段階（同格の中でも「＋」，「－」の表示が付加されることもあります）で表される一方，短期債務はａ－１，ａ－２，ａ－３，ｂ，ｃというような５段階に分けられるという事例が一般的です。

表2－1　格付け記号の定義

・長期債

AAA	債務履行の確実性は最も高い
AA	債務履行の確実性は極めて高い
A	債務履行の確実性は高い
BBB	債務履行の確実性は十分である
BB	債務履行の確実性は当面問題ない
B	債務履行の確実性に問題がある
CCC	債務不履行に陥っているか，またはその懸念が強い。債務不履行に陥った債権は回収が十分には見込めない可能性がある
CC	債務不履行に陥っているか，またはその懸念が極めて強い。債務不履行に陥った債権は回収がある程度しか見込めない
C	債務不履行に陥っており，債権の回収もほとんど見込めない

・短期債

a－1	債務履行の確実性は高い
a－2	債務履行の確実性は十分
a－3	債務履行の確実性は当面問題ない
b	債務履行の確実性に問題がある
c	債務不履行かその懸念が極めて強い

（資料）『日本経済新聞』2004年3月6日

Chapter III

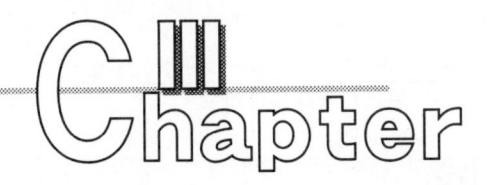

銀　　行

I　銀行とどのような取引を行うのか：銀行の業務

─── 問題3－1　銀行の貸借対照表と損益計算書 ───
(1) 銀行の貸借対照表から計算される次の項目を説明しなさい。
  ①　支払準備率
  ②　預　貸　率
(2) 銀行の損益計算書から計算される次の項目を説明しなさい。
  ①　経常収支率
  ②　業務粗利益経費率

≪解答＆解答の解説≫

　銀行の経営状況を知るためには「決算データ（貸借対照表と損益計算書）」が必要であり，ある銀行の経営状態を知るためには，その銀行の決算データを入手して分析するだけでは不十分で，複数の銀行の決算データを入手して比較検討しなければいけません。

(1) 貸借対照表は，資産・負債・資本構成を示しています。支払準備率，預貸率，自己資本比率などは銀行経営の基礎指標です。
  ①　支払準備率

$$支払準備率（総預金ベース）＝\frac{現金預け金＋コールローン＋買入手形}{預金＋譲渡性預金}$$

Part 1　金融機構論の標準問題

支払準備率（実質預金ベース）

$$= \frac{(現金預け金－小切手・手形)＋コールローン＋買入手形}{(預金－小切手・手形)＋譲渡性預金}$$

② 預貸率 $= \dfrac{貸出金}{預金＋譲渡性預金＋債券}$

表3-1　三井住友銀行の貸借対照表（平成18年3月末）

(単位：百万円)

科目	金額	科目	金額
（資産の部）		（負債の部）	
現金預け金	6,589,967	預　　金	65,070,784
現　　　金	1,010,221	当座預金	6,870,162
預　け　金	5,579,745	普通預金	31,540,162
コールローン	576,909	貯蓄預金	932,465
買現先勘定	81,470	通知預金	3,852,479
債券貸借取引支払保証金	1,956,650	定期預金	17,868,305
買入金銭債権	115,637	定期積金	57
特定取引資産	3,694,791	その他の預金	4,007,151
商品有価証券	97,197	譲渡性預金	3,151,382
商品有価証券派生商品	269	コールマネー	2,833,865
特定取引有価証券派生商品	4,162	売現先勘定	382,082
特定金融派生商品	2,667,605	債券貸借取引受入担保金	2,709,084
その他の特定取引資産	925,557	売渡手形	5,104,100
金銭の信託	2,912	特定取引負債	2,515,932
有価証券	25,202,541	売付商品債券	113,768
国　　　債	11,137,621	商品有価証券派生商品	1,238
地　方　債	546,197	特定取引有価証券派生商品	4,079
社　　　債	3,717,162	特定金融派生商品	2,396,846
株　　　式	4,457,872	借用金	2,023,023
その他の証券	5,343,687	再割引手形	2,918
貸出金	51,857,559	借入金	2,020,104
割引手形	368,006	外国為替	449,560
手形貸付	3,340,994	外国他店預り	348,096
証書貸付	39,652,419	外国他店借	44,041
当座貸越	8,496,139	売渡外国為替	25,065
外国為替	877,570	未払外国為替	32,357
外国他店預け	57,762	社　　債	3,776,707
外国他店貸	182,159	信託勘定借	318,597
買入外国為替	455,061	その他負債	1,295,135
取立外国為替	182,586	未決済為替借	18,041
その他資産	1,567,812	未払法人税等	777
未決済為替貸	4,287	未払費用	102,496
前払費用	7,280	前受収益	40,858
未収収益	206,780	従業員預り金	43,676
先物取引差入証拠金	12,419	給付補てん備金	0
先物取引差金勘定	2,405	先物取引受入証拠金	2

Chapter Ⅲ　銀　行

金融派生商品	602,156	金融派生商品	793,796160,29
繰延ヘッジ損失	167,212	取引約定未払金	4
社債発行差金	2,524	その他の負債	
その他の資産	562,744	賞 与 引 当 金	135,191
動 産 不 動 産	639,538	特別法上の引当金	8,691
土地建物動産	559,634	金融先物取引責任準備金	18
建 設 仮 払 金	1,140	再評価に係る繰延税金負債	18
保 証 金 権 利 金	78,763	支 払 承 諾	49,384
繰 延 税 金 資 産	976,203		4,120,300
支 払 承 諾 見 返	4,120,300	負　債　の　部　合　計	93,808,652
貸 倒 引 当 金	△816,437	（資本の部）	
		資　本　金	664,986
		資 本 剰 余 金	1,367,548
		資 本 準 備 金	665,033
		その他資本剰余金	702,514
		資本金及び資本準備金減少差益	702,514
		利 益 剰 余 金	794,033
		任 意 積 立 金	221,502
		海外投資等損失準備金	1
		行員退職積立金	1,656
		別 途 準 備 金	219,845
		当期未処分利益	572,531
		当 期 純 利 益	519,520
		土地再評価差額金	24,716
		株式等評価差額金	783,491
		資本の部合計	3,634,776
資産の部合計	97,443,428	負債及び資本の部合計	97,443,428

(2) 損益計算書は，経常利益・損失（＝経常収益−経常費用），特別利益・損失，税引前当期純利益・純損失，当期純利益・純損失，当期未処分利益・損失の構造を示しています。

① 経常収支率＝$\dfrac{経常費用}{経常利益}$

② 業務粗利益経費率＝$\dfrac{業務粗利益}{営業費用}$

ここで，

業務粗利益＝業務純益＋貸倒引当金繰入額＋債券費＋経費

業務純益＝業務収益−（業務費用−金銭の信託運用見合費用）

業務収益＝資金運用収益＋役務取引等収益＋その他業務収益

業務費用＝資金調達費用＋役務取引等費用＋その他業務費用＋貸倒引当金

Part 1　金融機構論の標準問題

　　　　　繰入額(個別貸倒引当金および特定海外債権引当勘定への純繰入額は除く)＋経費＋債券費

とそれぞれ定義されています。

表3－2　三井住友銀行の損益計算書（平成17年4月1日～18年3月31日）

(単位：百万円)

科　　　目	金	額
経　常　収　益		2,287,935
資金運用収益	1,426,546	
貸 出 金 利 息	990,853	
有価証券利息配当金	317,180	
コールローン利息	11,459	
買 現 先 利 息	4,362	
債券貸借取引受入利息	613	
買 入 手 形 利 息	7	
預 け 金 利 息	50,454	
金利スワップ受入利息	13,679	
その他の受入利息	37,936	
信 託 報 酬	8,626	
役務取引等収益	474,972	
受入為替手数料	123,339	
その他の役務収益	351,632	
特定取引収益	13,250	
特定取引有価証券収益	1,229	
特定金融派生商品収益	10,942	
その他の特定取引収益	1,077	
その他業務収益	273,861	
外国為替売買益	202,634	
国債等債券売却益	43,102	
国債等債券償還益	90	
その他の業務収益	28,034	
その他経常収益	90,678	
株式等売却益	70,085	
金銭の信託運用益	39	
その他の経常収益	20,553	
経　常　費　用		1,567,002
資金調達費用	472,002	
預 金 利 息	226,926	
譲渡性預金利息	7,690	
コールマネー利息	5,268	
売 現 先 利 息	6,359	
債券貸借取引支払利息	58,204	
売渡手形利息	113	
借 用 金 利 息	77,109	
社　債　利　息	68,252	
その他の支払利息	22,077	

Chapter Ⅲ　銀　　行

役務取引等費用	108,296	
支払為替手数料	23,432	
その他の役務費用	84,863	
特 定 取 引 費 用	1,312	
商品有価証券費用	1,312	
その他業務費用	63,613	
国債等債券売却損	53,317	
国債等債券償還損	195	
社債発行費償却	760	
金融派生商品費用	8,090	
その他の業務費用	1,249	
営　業　経　費	604,098	
その他経常費用	317,679	
貸倒引当金繰入損	164,630	
貸 出 金 償 却	12,650	
株 式 等 売 却 損	13,367	
株 式 等 償 却	31,257	
その他の経常費用	95,773	
経　常　利　益		720,933
特　別　利　益		34,763
動産不動産処分益	4,157	
償却債権取立益	30,605	
特　別　損　失		9,024
動産不動産処分損	2,699	
減　損　損　失	6,300	
その他の特別損失	23	
税引前当期純利益		746,672
法人税,住民税及び事業税		13,512
法人税等調整額		213,639
当 期 純 利 益		519,520
前 期 繰 越 利 益		69,774
土地再評価差額金取崩額		17,629
中間配当額		34,393
当期未処分利益		572,531

=== 問題 3 － 2　銀行の業務 ===

(1)　「銀行法」上の銀行の目的を述べなさい。

(2)　「銀行法」上の銀行の定義を述べなさい。

(3)　銀行の固有業務を述べなさい。

≪解答＆解答の解説≫

　「新銀行法」は，1981年（昭和56年）6月公布，翌82年4月施行されました。

(1)　新銀行法は，第1条で銀行の目的を次のように規定しています。「この法

Part 1　金融機構論の標準問題

律は，銀行の業務の公共性にかんがみ，信用を維持し，預金者等の保護を確保するとともに金融の円滑を図るため，銀行の業務の健全かつ適切な運営を期し，もつて国民経済の健全な発展に資することを目的とする。」（第1項：公共性）「この法律の運用に当たつては，銀行の業務の運営についての自主的な努力を尊重するよう配慮しなければならない。」（第2項：私企業性）つまり，銀行法は公共性と私企業性の調和を図るべきことを謳っています 答え 。

(2)　銀行法においては，銀行（普通銀行，長期信用銀行および信託銀行）は，内閣総理大臣から免許を受けて，銀行業を営む，株式会社組織の金融機関と定義され（第2条第1項，第4条第1項，第5条： 答え ），銀行が行いうる業務の範囲については，それぞれの根拠法において詳細に規定されるとともに，法令上認められたものに限定されています。これは，銀行がその他の業務を兼営した場合，①他業のために経営の健全性を損ない，ひいては預金者保護の面で問題が生じるおそれがある，②強力な金融力を背景として一般事業に進出することは社会的摩擦を起こすおそれがあるという点を考慮のうえ，銀行としては，本来の金融仲介機能を有効に発揮しうるよう本業に専念するとともに，その機能の充実に努める方が望ましいとの考え方によるものです。

(3)　銀行法上，銀行の業務には，①銀行の固有業務（第10条第1項），②付随業務（第10条第2項），③証券業務（第10条第2項，第11条），④その他の法律により営む業務（第12条），および⑤周辺業務があります。預金業務，貸出業務および為替業務の3つの業務が「銀行の固有業務」です 答え 。

II　銀行に何を期待できるのか：銀行の役割

問題3－3　銀行の役割

最近設立された銀行機能の一部だけをもつ決済専門銀行に関する次の記

述のうち，正しくないものはどれですか。

A　決済機能の提供に重点を置いているので，受け入れた預金の安全運用を義務づける必要がある。
B　決済専門銀行の背景には，情報通信における技術革新がある。
C　決済専門銀行は，決済機能しかもたないという点で，クレジットカード会社と同一の金融機関に分類される。
D　決済専門銀行に対する公的金融当局の監督は，本体に対して行われるだけでなく，本体への出資者も対象とされているが，これは法人格否認の法理に基づく。

(「証券アナリスト第１次試験」平成13年)

≪解答＆解答の解説≫

 答え はCです。というのは，決済専門銀行［ジャパンネット銀行，イーバンク銀行，ソニー銀行，セブン銀行（2005年10月10日まではアイワイバンク銀行）］は普通銀行であるのに対して，クレジットカード会社はノンバンク（消費者信用会社）であるからです。決済専門銀行は預金の出し入れや振込み，ショッピングの決済といった個人向け決済サービスのみを提供する銀行です。企業向け融資は行わず，個人からの預金の国債などローリスク商品での運用と，サービス手数料で事業を成立させています。

【知っておきましょう】　銀行の４つの伝統的機能

銀行は，次の４つの機能をもっていると伝統的に考えられています。
①　決済機能
　　銀行は，顧客から現金を預金として受け入れると，現金の預かり証として預金証書を発行します。銀行は，顧客の預金勘定の管理を行い，出納サービス（預金の振替等によるペイメント・サービス）を行います。

② 信用媒介・変形機能

銀行は，預金として受け入れた現金を貸し出し，最終的貸手から最終的借手への与信を媒介します。というのは，一方で本源的預金負債に利子を支払い，他方で同額の無利子の手元現金準備資産を保有しておくことは不合理なことだからです。ただし，最終的貸手から最終的借手への直接的与信とは異なり，銀行は，信用の仲介を行うことにより，最終的貸手へは現金と交換に間接証券を提供（受信）し，最終的借手からは現金と交換に直接証券を受け取ります（授信）。

③ 信用創造機能

預金通貨が決済手段として機能するようになり，人々が預金の同一銀行内振替で決済するようになると，銀行は，本源的預金証書を発行して現金を収集し，それを貸し出さなくても，預金通貨を創造することによって，その預金通貨を貸し出すことができます（預金通帳に記入して貸し出し，現金が引き出されるようなことになっても，引き出された現金がすぐさま預金に変わることを期待することができます）。銀行預金は銀行貸出によって派生するので，つまり貸出金がそのまま預入されつづけるので，預金の創造と貸出の創出の関係は表裏一体の関係です。貸出によって派生する預金は「派生的預金」と呼ばれています。

④ 現金収集機能

銀行は派生的預金に預金準備率を乗じた法定準備を積むために，および派生的預金の引き出しに備えるために，本源的預金証書と交換に現金を調達する必要があります。

銀行は，上記4つの機能をもっていますが，銀行固有の機能は信用創造機能です。他の3つの機能は，銀行以外の金融機関ももっています。

Chapter Ⅲ 銀 行

===== 問題 3-4　情報の非対称性と銀行の情報生産機能 =====

以下の金融取引表に示されている経済活動で情報の非対称性の問題を考えましょう。
① H氏は10億円の給与をもらって，全額を貯蓄した。
② H氏は10億円の貯蓄をすべて銀行に預金した。
③ (株)L社は銀行から10億円を借り入れた。
④ (株)L社は借り入れた10億円で事務機器を購入した。

(1) 上記の経済主体間でどのような情報の非対称性の問題が発生しているのか。
(2) 銀行は上記の情報の非対称性問題をどのように克服しているのか。

≪解答＆解答の解説≫

本問題の金融取引表は次のものです。

	銀　行		非金融法人企業		家　計	
	資　産	負　債	資　産	負　債	資　産	負　債
預　　金		＋10			＋10	
貸　　出	＋10			＋10		
資金過不足				－10		＋10

(1) 預金：H氏が債権者，銀行が債務者
　　貸出（借入）：銀行が債権者，(株)L社が債務者
であり，預金取引においてはH氏が"知らない人"，銀行が"知っている人"という情報の非対称性，貸出取引においては銀行が"知らない人"，(株)L社が"知っている人"という情報の非対称性がそれぞれ発生しています。

(2) 資金の流れは「家計－（預金）→銀行－（貸出）→非金融法人企業」です。「家計→非金融法人企業」の直接金融では，家計（最終的貸手）と非金融法人企業（最終的借手）との間に，家計が"知らない人"，非金融法人企業が"知っている人"という情報の非対称性が発生しています。銀行は「情報生産機能」

39

をもっていて，最終的貸手・最終的借手間の情報の非対称性を軽減するために，「委託された監視人」(delegated monitor)としてモニタリング活動を行っています。

III 銀行は健全か：自己資本比率

問題3－5　セイフティネット

セイフティネットに関する次の記述のうち，正しくないものはどれですか。

A　預金者に対して預金の安全を保証することを目的としているが，金融機関のモラルハザードを引き起こすマイナス面もある。

B　金融機関のモラルハザードを回避する1つの方法は，リスクの程度のいかんにかかわらず一律の預金保険料率を適用することである。

C　金融機関のモラルハザードを回避する直接的方法として，金融機関の資産選択，業務範囲などの規制があるが，これらは資金配分の効率性を損ねる可能性があるため，最近はむしろ各種の比率規制が中心となっている。

D　中央銀行の「最後の貸し手」機能はセイフティネットの1つである。

(「証券アナリスト第1次試験」平成13年)

≪解答＆解答の解説≫

答えはBです。というのは，リスクの程度のいかんにかかわらず一律の預金保険料率を適用することは，逆に，金融機関のモラルハザードを引き起こすからです。

ChapterⅢ 銀　行

問題3－6　自己資本比率規制

BISの自己資本比率規制に関する次の記述のうち，正しくないものはどれですか。

A　国際的に活動する銀行は，8％以上の自己資本比率を維持するように求められている。

B　自己資本比率の分母には，ウエイトを掛けた上で合算された与信額の他に，マーケット・リスク相当分も加算されている。

C　自己資本比率の分子には，普通株式の他に，準備金，劣後債，株式含み益なども含まれている。

D　自己資本比率規制は，銀行の貸出行動に対して景気循環を平準化させるように働く。

（「証券アナリスト第1次試験」平成15年）

≪解答＆解答の解説≫

答えはDです。というのは，自己資本比率規制は銀行の貸出行動の振幅を拡大し，景気循環を逆に増幅させるからです。

【知っておきましょう】　自己資本比率

「自己資本比率規制」は，国際決済銀行（BIS：Bank for International Settlements）によって世界共通の大枠が決められているので，「BIS規制」とも呼ばれています。主要各国の銀行規制・監督当局は，1992年末以降（日本は1993年3月末以降），国際統一基準に準拠した自己資本比率の維持を自国の銀行に義務づけています。バーゼル合意に基づく銀行の自己資本比率規制にかかる国際統一基準によれば，自己資本比率の分子の「自己資本」は，

自己資本＝「基本的項目」＋「補完的項目」－「控除項目」

と定義されています。「基本的項目」は「Tier 1」とも呼ばれ，コアとなる資本で無制限に算入されます。「補完的項目」は「Tier 2」とも呼ばれ，そ

の他の資本で基本的項目と同額まで算入されます。「控除項目」とは,営業権相当額,非連結金融子会社への出資などのことです。また,分母の「リスク・アセット」は,総資産(オンバランス資産とオフバランス資産)をリスク・ウエイトによって加重したもので,

　リスク・アセット=「信用リスク・アセットの額」+「マーケット・リスク相当額に係る額」

と定義されています。国際展開している銀行の自己資本比率規制とは,

$$\text{リスク・アセット・レシオ} = \frac{\text{自己資本}}{\text{リスク・アセット総額}} \geq 8.0\%$$

です。

Chapter IV

証券会社と保険会社

I 証券会社とどのような取引を行うのか：証券会社の業務

問題4−1　証券業：免許制 vs. 登録制

証券業に関する次の記述のうち，正しくないものはどれですか。

A　1968年の免許制移行から98年の登録制採用までの間，大蔵省は新規に免許を与えることはまったくなかったので実質的に参入禁止の状態が続いていた。

B　登録制移行後の新規参入業者は，取扱い業務を絞り込んでいることに共通の特徴がある。

C　免許制移行を契機に，大蔵省は「ブローカレッジ専業主義」の行政指導を行った。

D　証券業は，明治以来免許制であったが，戦後の一時期，登録制が採用された。

（「証券アナリスト第1次試験」平成15年）

≪解答＆解答の解説≫

　答えはAです。というのは，外資系や銀行系が例外として挙げられるからです。証券業の開業については，1948年4月に公布された「証券取引法」では，一定の要件を充足していれば自由に設立できる「登録制」が採用されていまし

たが，登録制の下では投資家保護の徹底が必ずしも十分ではないとの認識が高まり，64年から65年にかけてのいわゆる「証券不況」に際して証券会社の経営状況の悪さが明らかになったことから，65年5月に「証券取引法」が改正され，68年4月より「免許制」が実施されました。しかし，国際競争力のある証券市場を作るためには，できる限り証券業への自由な参入を認め，市場間競争を通じて多様な金融サービスの開発や提供を促進すべきと考えられ，「証券取引法」の1998年12月の改正によりふたたび登録制が採用されています。すなわち，「証券取引法」第28条は，「証券業は，内閣総理大臣の登録を受けた株式会社でなければ，営んではならない」と規定しています。

問題4－2　証　券　業

証券業務の1つとして認められた電子取引システム（PTS）で適用できる売買価格決定方式として，正しくないものはどれですか。

A　相対取引による価格交渉を電子化した方式
B　多数の投資家から注文を集め価格を決定する方式
C　ディーラーに気配を提示させ，取引を約定させる方式
D　取引所の価格を参照して価格を決定する方式

（「証券アナリスト第1次試験」平成15年）

≪解答＆解答の解説≫

答え はBです。というのは，Bはオークション方式に関する説明であり，これはPTSには認められていないからです。

【知っておきましょう】　証券会社の4つの主要業務

「証券取引法」第2条第8項には証券会社の業務が挙げられていますが，その中でとくに中心となっている業務は，次の4つです。

① 自己売買業務（ディーリング）あるいは自己売買（ディーラー）業務

「ディーリング」とは，証券会社が，自らの資金運用のために，投

資家の売買注文に対して，自己の計算で自らが売買の相手方となって売買を行い，その売買差益を得ようとする業務です。
② 委託売買業務（ブローキングあるいはブローカレッジ）あるいは委託売買（ブローカー）業務

「ブローキング」とは，証券会社が，投資家から受けた売買注文を店頭で媒介したり，証券取引所（流通市場）に取り次いで，委託手数料を得る業務です。
③ 引受および売出業務（アンダーライティング）あるいは引受および売出（アンダーライター）業務

発行者（国債ならば国，社債・株式ならば企業）が有価証券を新たに発行するとき，売り出すことを目的として証券会社が全部または一部を引き受ける業務は「引受」，既発行の有価証券を対象に行う同様の業務は「売出し」とそれぞれ呼ばれ，証券会社は引受手数料を得ています。もしも売れ残ったときは，証券会社は責任をもって引き取らなければなりません。
④ 募集・売出の取扱い業務（セリング）

「セリング」とは，新規発行および既発行有価証券を，たくさんの投資家に買ってもらうよう営業する業務のことで，募集の取扱い業務は「募集」，売出しの取扱い業務は「売出し」とそれぞれ呼ばれ，証券会社は募集手数料を得ています。アンダーライティングとよく似ていますが，売れ残っても，証券会社は引き取る必要はありません。

II　証券会社に何を期待できるのか：証券会社の役割

―― 問題4－3　証券会社の役割 ――

証券会社の役割に関する次の記述のうち，正しくないものはどれですか。

A　直接金融は主として証券会社が仲介する資金取引であり，間接金融は主として銀行等金融仲介機関が行う資金取引である。

B　証券会社は，金融仲介機能を営まないので，常に直接金融の担い手である。

C　証券会社は，投資信託受益証券を取り扱っているので，間接金融の担い手である。

≪解答＆解答の解説≫

答えはBです。というのは，証券会社は，投資信託受益証券（間接証券）を取り扱うことによって金融仲介機能を果たし，間接金融の担い手でもあるからです。

【知っておきましょう】　証券会社の2つの役割

　車に新車と中古車の区別があるように，有価証券（公社債と株式）には，新規発行証券（新発証券）と既発行証券（既発証券）の区別があります。新発証券が取引される市場は「発行市場」，既発証券が取引される市場は「流通市場」とそれぞれ呼ばれています。証券会社は，発行市場と流通市場において，有価証券取引を専門的に仲介する役割を担っています。有価証券の発行市場においては，証券会社は，発行者（国債ならば国，社債・株式ならば企業）と投資家との間に立って，有価証券の発行（発行者の資金調達）を円滑化させるとともに，投資家のリスクを考慮して発行者の選別を行い，資金の効率的な配分に役立っています。また，流通市場においては，投資者間の有価証券取引を公正に仲介し，証券の流通を促進するこ

とによって投資者の保護を図ることに役立っています。

III　保険会社とどのような取引を行うのか：保険会社の業務

---問題4－4　保険会社の業務---
(1) 生命保険会社の業務を説明しなさい。
(2) 損害保険会社の業務を説明しなさい。

≪解答＆解答の解説≫

「保険業法」（1995年6月公布）第1条は，「この法律は，保険業の公共性にかんがみ，保険業を行う者の業務の健全かつ適切な運営及び保険募集の公正を確保することにより，保険契約者等の保護を図り，もって国民生活の安定及び国民経済の健全な発展に資することを目的とする」と規定し，第2条で「『保険業』とは，不特定の者を相手方として，人の生死に関し一定額の保険金を支払うことを約し保険料を収受する保険，一定の偶然の事故によって生ずることのある損害をてん補することを約し保険料を収受する保険その他の保険で，第3条第4項各号または第5項各号に掲げるものの引受けを行う事業」と定義しています。

第3条の第1項は，「保険業は，内閣総理大臣の免許を受けた者でなければ，行うことができない」と規定し，第2項は，保険業の免許には，生命保険業免許と損害保険業免許の2種類があることを規定し，第3項は，「生命保険業免許と損害保険業免許とは，同一の者が受けることはできない」と，生保・損保がそれぞれ引き受けるリスクの性質が異なることや，保険期間の長短格差などから，生命保険事業と損害保険事業の兼業を禁止しています。第4項各号は生命保険事業，第5項各号は損害保険事業をそれぞれ列挙しています。

Part 1　金融機構論の標準問題

「保険会社」は，内閣総理大臣の免許を受けて保険業を行う者と定義され，生命保険業免許を受けた者は「生命保険会社」，損害保険業免許を受けた者は「損害保険会社」とそれぞれ呼ばれています。

(1)　生命保険会社の業務

　「保険業法」第3条第4項は，以下の保険の引受けを行うことを「生命保険事業」と定義しています。①人の生存または死亡に関し，一定額の保険金を支払うことを約し，保険料を収受する保険（ただし，傷害を受けたことを直接の原因とする人の死亡のみに係るものを除く）。②人が疾病にかかったこと，傷害を受けたこと，または疾病にかかったことを原因とする人の状態，傷害を受けたことを直接の原因とする人の死亡，疾病・傷害などで治療を受けたことなど，といった事由に関し，一定額の保険金を支払うこと，またはこれらによって生ずることのある当該人の損害をてん補することを約し，保険料を収受する保険。③一定の偶然の事故によって生ずることのある損害をてん補することを約し，保険料を収受する保険のうち，再保険であって，②の保険に係るもの。

　保険加入者側（保険契約者，被保険者，受取人）と保険会社との関係を図示すると，次のようになります。保険契約者，被保険者，受取人は同一人である必要はありません。

図4－1 生命保険のしくみ

- 保険契約者 —— 保険会社との契約締結者（保険料負担者）
- 被保険者 —— 生死，病気など保険の対象となる人
- 受取人 —— 保険金，給付金などを受け取る人

保険会社に払い込むお金：保険金

- 保険金 —— 被保険者が死亡したときなどに支払われるお金
- 給付金 —— 被保険者が入院したときなどに支払われるお金
- 年金 —— 老後の生活資金などとして受け取るお金
- 配当金

↓

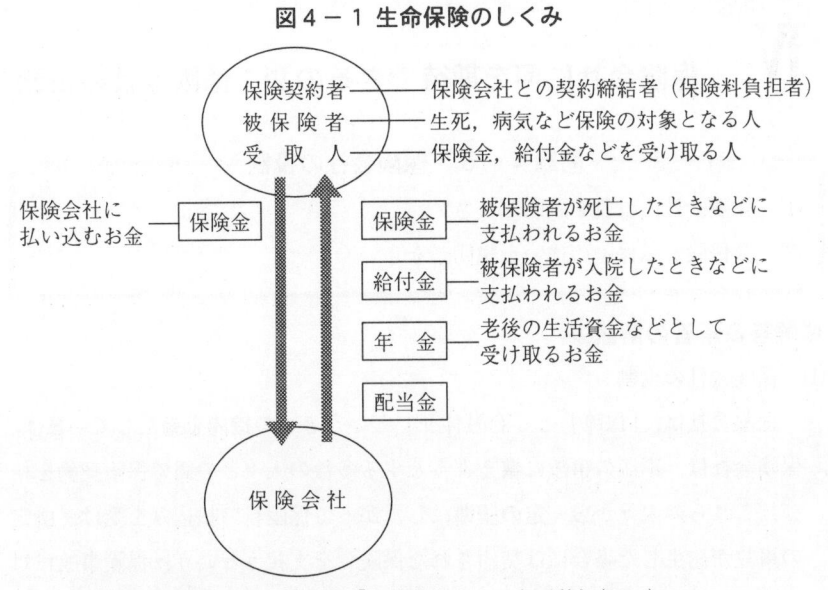

保険会社

（資料）　金融広報中央委員会『金融商品なんでも百科』（2004）

(2) 損害保険会社の業務

　「保険業法」第3条第5項は，以下の保険の引受けを行うことを「損害保険事業」と定義しています。①一定の偶然の事故によって生ずることのある損害をてん補することを約し，保険料を収受する保険。②人が疾病にかかったこと，傷害を受けたこと，または疾病にかかったことを原因とする人の状態，傷害を受けたことを直接の原因とする人の死亡，疾病・傷害などで治療を受けたことなど，といった事由に関し，一定額の保険金を支払うこと，またはこれらによって生ずることのある当該人の損害をてん補することを約し，保険料を収受する保険。③人の生存または死亡に関し，一定額の保険金を支払うことを約し，保険料を収受する保険のうち，人が外国への旅行のために住居を出発した後，住居に帰着するまでの間（つまり，海外旅行期間）における当該人の死亡，または人が海外旅行期間中にかかった疾病を直接の原因とする当該人の死亡に関する保険。

Ⅳ 保険会社に何を期待できるのか：保険会社の役割

===== 問題4－5　保険会社の役割 =====
(1)　保険会社の役割を説明しなさい。
(2)　公保険と私保険の違いを説明しなさい。

≪解答＆解答の解説≫
(1)　保険会社の役割

　　保険会社は，「保障」と「金融仲介」という2つの機能を果たしています。保険会社は，不測の事故に備えようとする多数の人々との間で保険契約を結び，これらの人々から一定の基準にしたがって保険料の払込みを受け，所定の事故が発生した場合には契約された保険金を支払うという，保険事故に対する「保障機能」の提供を行っています。

　　保険会社は，保険契約者から払い込まれた保険料を，保険事故発生に伴う保険金の支払い等に備えて積み立てています。すなわち，保険会社は，ひとつには「大数の法則」の上に成り立つ制度であることから契約件数が多く，かつ保険料受取りと保険金支払いとの間の長いタイムラグが存在するという契約の長期性のため，もうひとつにはとくに生命保険の場合，平準保険料方式（歳を経るにつれて死亡する可能性は高まっていくが，保険期間中は一律の保険料を徴収する方式）が採用されているために，巨額の保険積立金を保有しています。保険会社は，積立金の「予定利率」をめどとする運用を通じて，銀行等と同様に「金融仲介機能」を果たしています。

【知っておきましょう】　銀行と保険会社

　　銀行，保険会社はともに金融仲介機関ですが，銀行が「預金取扱金融機関」であるのに対し，保険会社は「その他の金融機関」（「保険」）です。銀行の「短期借り，長期貸し」に対し，保険会社は「長期借り，短期貸し」

を行っています。ですから，銀行は金利上昇局面において，保険会社は金利下落局面において，逆鞘になりがちです。

(2) 公保険と私保険

　「保険」の名称のもとに営まれている事業は，公保険と私保険に分別されます。「公保険」（政策保険）は，国の産業政策または社会政策に基づいて，国自身または特別法に基づいて設立された各種組合等が営み，各種組合等の営む保険業に対しては，再保険引受または事務費負担等の形で直接間接に国が関与しています。公保険は，付加されている政策的要素に基づいて，社会保険（生活の貧困化を防止するための社会政策），産業振興保険（産業の保護・育成政策），公共福祉関連保険（国民の経済生活の安定・福祉増進のための公共福祉政策）の3つに区分されています。「社会保険」は，厚生保険特別会計（健康保険，厚生年金保険，児童保険），国民年金特別会計，労働保険特別会計（労災補償，雇用保険），中小企業事業団（雇用保険，老齢保険），中小企業退職金共済事業団，厚生年金基金連合会，国民年金基金などによって行われる公保険事業であり，とりわけ勤労者階層・低所得者階層の，疾病・傷害・死亡・高齢・失業・労働災害などを原因として生じる生活の貧困化を防止することを目的としています。「産業振興保険」は，貿易保険特別会計，中小企業信用保険公庫などによって行われる公保険事業です。「公共福祉関連保険」は，簡易生命保険特別会計（簡易生命保険及び郵便年金特別会計よりの名称変更），住宅金融公庫（住宅融資保険），預金保険機構などによって行われる公保険事業であり，社会保険ほど所得再分配機能を重視していません。

　「私保険」は，国の再保険引受・事務費負担の形をとらず，もっぱら事業主体が経済性の原則に沿って営むものです。生命保険の場合，民間生命保険会社の営む生命保険は私保険です。一方，簡易生命保険は「民間生保事業の補完としての性格をもち他の公保険とはやや異にしている」という条件はつ

けられるものの公保険として分類する文献もあれば、「民間生保事業と競合している」という理由で私保険として分類する文献もあります。

V 証券会社，保険会社は健全か：自己資本規制比率とソルベンシー・マージン比率

問題4－6　自己資本規制比率とソルベンシー・マージン比率
(1) 証券会社の自己資本規制比率を説明しなさい。
(2) 保険会社のソルベンシー・マージン比率を説明しなさい。

≪解答＆解答の解説≫

　証券会社は，「証券取引法」等の法律と，証券業界の自主規制によりさまざまな規制を受けています。これらの規制は，「業務に関する規制」と「財産・経理に関する規制」に大別されます。

(1) 証券会社の自己資本規制比率

　証券会社に対する自己資本規制は，銀行に対する自己資本比率規制の趣旨にならって，証券会社の総体的なリスクを管理する指標として1990年4月に導入されました。「自己資本規制」においては，証券会社がその業務運営に際し直面するリスクとして，①市場リスク（価格変動に伴い保有資産価値が減少するリスク），②取引先リスク（取引相手方の契約不履行により損失を被るリスク），および③基礎的リスク（経常費用の支払い，証券事故，事務ミス等証券会社が日常業務を遂行していくうえで留意しなければならないリスク），という3つのリスクを挙げ，これらのリスクを一定の方式に基づき定量化したリスク相当額を上回る「固定化されていない自己資本」（流動性の高い資産）の保有が義務づけられています。

Chapter Ⅳ　証券会社と保険会社

> **【知っておきましょう】　自己資本規制比率**
>
> 　自己資本規制比率が140％以下となったとき，金融庁へ届出（日々の報告が義務付けられる）を出さなければなりません。120％を下回ったとき，金融庁は業務の方法の変更を命じ，財産供託その他監督上必要な事項を命じることができます。100％を下回ったとき，金融庁は3カ月以内の期間を定めて，業務の全部または一部の停止を命じることができます。

(2)　保険会社のソルベンシー・マージン比率

　「ソルベンシー・マージン比率」は，保険会社の健全性を測る代表的指標です。

①　生命保険会社に対するソルベンシー・マージン比率

　生命保険会社は，将来の保険金などの支払いに対する準備として責任準備金を積み立てているので，通常予想できる範囲のリスクについては十分対応できます。しかし，大災害による保険金支払いの急増や株価・地価の大暴落など，通常の予測を超えたリスクが発生する場合があります。A＝ソルベンシー・マージン総額（資本金または基金，ならびに通常の予測を超えるリスクのために積み立てている危険準備金などの額），B＝リスクの合計額（通常の予測を超えるリスクに対応する額）とすれば，「ソルベンシー・マージン比率」は，$\dfrac{A}{\frac{1}{2} \times B}$ で定義され，通常の予測を超えて発生するリスクに対してどの程度「支払余力」を有しているのかを判断するための行政監督上の指標のひとつです。ソルベンシー・マージン比率が200％を下回った場合には，監督当局によって早期に経営の健全性の回復を図るための措置がとられます。

②　損害保険会社に対するソルベンシー・マージン比率

　損害保険会社に対するソルベンシー・マージン比率は，生命保険会社に対するソルベンシー・マージン比率と同種のものです。損害保険会社は，保険事故発生の際の保険金支払や積立型保険の満期返戻金支払等に備えて

Part 1　金融機構論の標準問題

準備金を積み立てていますが，巨大災害の発生や，損害保険会社が保有する資産の大幅な価格下落等，通常の予測を超えるリスクが発生した場合でも，十分な支払能力を保持しておく必要があります。「通常の予測を超えるリスク」（リスクの合計額）に対する「損害保険会社が保有している資本・準備金等の支払余力」（ソルベンシー・マージン総額）の割合を示す指標として，「保険業法」等に基づき計算されたものが「ソルベンシー・マージン比率」です。ソルベンシー・マージン比率は，行政当局が損害保険会社を監督する際に活用する客観的な判断指標のひとつであり，その数値が200％以上であれば「保険金等の支払能力の充実の状況が適当である」とされています。

Chapter V

金融商品

I 金融商品の性質

=== 問題5－1　日本の家計金融資産の特徴 ===

日本の家計金融資産の特徴に関する次の記述のうち，正しいものはどれですか。

A　株式や投資信託など元本保証のない商品を回避し，国債などの確定利付き債券の保有が多い。

B　現金や預貯金の割合が多く，預貯金の中でも郵便貯金のウエイトが高い。

C　長期的にみれば株価は上昇してきたため，家計金融資産中のウエイトも上昇を続けてきた。

D　日本の家計は貯蓄率が高く資金の出し手なので負債を保有することはない。

（「証券アナリスト第1次試験」平成15年）

≪解答＆解答の解説≫

A：誤り

　というのは，「株式や投資信託など元本保証のない商品を回避し」は正しいのですが，国債などの確定利付き債券の保有は少ないからです。

B：正しい

C：誤り

　家計金融資産中の株式のウエイトは株価の上昇局面では高まり，下落局面では低まる傾向にあります。家計金融資産中の株式のウエイトは長期的に見て高まっているわけではありません。

D：誤り

　家計は純ベースでは資金余剰部門であり，正味資産（＝資産－負債）はプラスですが，粗ベースでは一方で資産をもち，他方で負債（例えば住宅ローン）を抱えています。

【知っておきましょう】　金融商品の類型化の4つの基準

　金融商品は，決済性の有無（決済勘定資産と投資勘定資産），安全性（安全資産と危険資産），発生形態（間接証券と本源的証券），取引形態（市場取引型資産と相対取引型資産）といった4つの基準に照らして，次のように類型化することができます。

表5－1　金融商品の分類

機　　能	決済勘定資産	投資勘定資産					
予見性	安全資産					危険資産	
発生形態	間接証券					本源的証券	
取引形態	市場取引型	相対取引型				市場取引型	相対取引型
金融資産の具体的例示	現金	要求払預金，通常郵便貯金	定期性預金，CD，定額郵便貯金，貸付信託，保険	証券投資信託，外貨預金，ヒット，変額保険		債券，株式，CP	縁故債券

（資料）日本銀行金融研究所『新版　わが国の金融制度』（1995）p.427

【知っておきましょう】　金融商品の3つの商品性：安全性，流動性，収益性

　金融商品を判断するための基準には，「安全性」「流動性」「収益性」の3つがありますが，「3つの基準のすべてが優れている金融商品はない」ということに留意しなければなりません。

II 証券投資信託

問題5-2 証券投資信託

投資信託に関する次の記述のうち,正しいものはどれですか。

A 家計のポートフォリオ選択が預貯金から投資信託にシフトすれば,わが国の間接金融優位の構造は崩れることになる。

B 投資信託の運用対象が株式中心であるならば,家計にとって分散投資によるリスク軽減効果は実現されない。

C さまざまなタイプの投資信託が利用可能になれば,家計にとっての投資機会は従来よりも拡張されることになる。

(「証券アナリスト第1次試験」平成11年)

≪解答&解答の解説≫

A:誤り

　というのは,証券投資信託は間接証券であり,家計金融資産中の投資信託のウエイトが高まっても間接金融優位の構造は崩れないからです。

B:誤り

　というのは,運用対象が株式中心の証券投資信託であっても,家計にとって分散投資によるリスク軽減効果を実現できるからです。

C:正しい

III 債券

問題5-3 債券保有構造の変化

債券保有構造の変化に関する次の記述のうち,正しいものはどれですか。

A 長期国債は伝統的に個人部門がほとんどを保有する構造になっている。

> B 長期国債の保有シェアの推移をみると，日銀のウエイトが高まる傾向にある。
> C 民間金融機関の長期国債保有シェアは安定的に増加している。

≪解答＆解答の解説≫

A：誤り
　というのは，長期国債は金融機関がほとんどを保有する構造になっているからです。

B：誤り
　日本銀行は金融緩和局面では買いオペにより長期国債の保有シェアを高め，金融引締局面では売りオペにより長期国債の保有シェアを低めることがあります。

C：正しい

【知っておきましょう】　債券：国・地方公共団体・企業等の借用証書

「債券（公社債）」は，国，地方公共団体，企業などが投資家から資金調達を行うために発行する債務証書（いわば借用証書）です。公社債は，発行体のちがいによって，国，地方公共団体および公共機関等の発行する「公共債」，民間企業の発行する「民間債」，外国の政府・政府関係機関，事業会社の発行する「外国債」に大別され，さらに公共債は「国債」「地方債」「政府関係機関債」に，民間債は一部の金融機関の発行する「金融債」，一般事業法人の発行する「事業債（社債）」に分けられます。公共債・民間債は居住者がわが国において発行する円建ての債券（国内債）であり，居住者が海外市場において発行する債券および非居住者が発行する円建て債券は「外国債」または「外債」と呼ばれています。発行体は，発行時に定めた条件に基づき，償還日（返済の最終期日）までの期間中は定期的に利息を支払うほか，満期日（償還日）に額面金額で償還（返済）す

ることを約束しています。満期以前の換金は売却によって行うことができますが，途中換金は，時々刻々と変化する市場価格によるのが原則です。ですから，市場価格の変動に伴って，購入時点の価格よりも，値上がりしていることもあれば，値下がりしていることもあります。

表5－2　債券の種類

公共債	国債	利付国債	中期国債	2～4年
			長期国債	6・10年
			超長期国債	20年
		割引国債		5年
	公募地方債			10年
	政府保証債			10年
民間債	普通社債			2～20年など
	転換社債			2～15年
	新株引受権付社債			4～15年
	金融債	利付金融債		5年 (東京三菱銀ＵＦＪ行債のみ3年)
		割引金融債		1年
外国債	円貨外債			※
	外貨建外債			

（資料）証券広報センター「債券の基礎知識」より作成

IV　株式

問題5－4　日本における株式保有状況

　日本における株式保有状況に関する次の記述のうち，正しくないものはどれですか。

Part 1　金融機構論の標準問題

A　個人の株式保有は間接金融から直接金融への傾向的変化を反映して増加しており，現在では，全体の半分以上を占めている。
B　金融機関による保有や，事業法人による株式持ち合いの比率が高いことが従来からの特徴であった。
C　1990年代以降の株価低迷下で，企業間での株式持ち合いを解消する動きが見られた。
D　銀行による株式保有に一定の限度が設けられているのは，銀行による産業支配力の制限や銀行のリスク軽減のためである。

(「証券アナリスト第1次試験」平成13年)

≪解答＆解答の解説≫

　答えはAです。というのは，個人の株式保有は全体の半分以上を占めていないからです。

【知っておきましょう】　株主の権利

　「株主」とは，株式会社が発行する株式の所有者のことです。株主は，その発行会社に対して出資額に応じて平等の権利をもっています。この株主がもつ平等の権利は「株主権」と呼ばれています。株主権には，権利行使の結果が株主個人の利益だけに関係する「自益権」と，権利行使の結果が株主全体の利害に影響する「共益権」の2種類があります。

① 自　益　権
　　株主が会社から経済的利益を受ける権利のことで，具体的には，利益配当請求権，残余財産分配請求権などがあります。自益権は1株（1単位株）の株主でも行使することができます。

② 共　益　権
　　株主が会社の経営に参与する権利のことで，具体的には，株主総会における議決権，総会決議取消請求権，代表訴訟提起権，帳簿閲覧権，

取締役・監査役解任請求権などがあります。共益権には，1株（1単位株）の株主でも単独に行使できる「単独株主権」と，発行済株式総数の一定割合または一定株式数以上を所有する株主のみが行使できる「少数株主権」があります。

V 金融商品の保護

問題5-5 金融商品の保護

金融商品の保護に関する次の記述のうち，正しくないものはどれですか。
A 預金保険制度があると，金融機関が預金者に不利益な行動をとったとき，その損失を被るのは預金者ではなく政府である。
B 預金保険制度があると，預金者は銀行の経営状態に対して無関心になる傾向がある。
C 預金保険制度は預金者に対して預金の安全を保証することを目的としているが，金融機関のモラルハザードを引き起こすマイナス面もある。

≪解答＆解答の解説≫

答え はAです。というのは，預金保険機構は，政府，日本銀行，民間金融機関によって出資，設立され，毎年度，対象金融機関から預金保険料を徴求しているからです。

【知っておきましょう】 金融商品保護のしくみ：預金保険制度，投資者保護基金，保険契約者保護機構

(1) 預金保険制度
「預金保険機構」は，1971年7月預金保険制度の運営にあたる特殊法人として，政府，日本銀行，民間金融機関によって出資，設立されまし

た（日本銀行副総裁が預金保険機構の理事長）。預金保険機構は，毎年度，対象金融機関から預金保険料を徴求し，これを責任準備金として積立・運用し，①預金の払い戻し停止等の保険事故を起こした金融機関の預金者等に対しては保険金等を支払ったり，②破綻金融機関について合併・営業の全部譲り受け・株式取得を行う金融機関に対しては資金援助（贈与，低利融資，資産買取り，債務の保証・引受け等）を行ったりしています。また，必要があると認められるときは，日本銀行から政令で定める金額の範囲内で借入を行っています。同様の農水産業協同組合貯金保険制度は，政府，日本銀行，農林中央金庫，信用農業協同組合連合会，信用漁業協同組合連合会によって出資・設立された「農水産業協同組合貯金保険機構」によって運営されています。

(2) 証券会社による顧客資産の分別保管と投資者保護基金

投資者は，債券や株式の発行会社に投資したのであり，証券会社に対して投資したわけではないのですから，証券会社が破綻しても，投資者の権利に影響はなく，証券会社に対して債券や株式の返還を求めることができます。

① 証券会社による顧客資産の分別保管

「顧客有価証券」と証券会社自身が保有する「固有有価証券」の保管場所を明確に区分し，かつ，顧客有価証券については，どの顧客の有価証券であるかが直ちに判別できる状態で保管されています。また，証券会社に預けている現金（有価証券の買付・売却代金，配当金，分配金，償還金など）は「顧客分別金」として，信託銀行へ信託されています。

② 投資者保護基金

証券会社が破綻し，証券会社の違法行為により顧客資産を完全には返還できない場合，あるいは返還に著しく日数を要する場合に備えて「投資者保護基金」があります。2001年3月末までは全額が補償され

ていましたが，同年4月以降は1人当たり1,000万円までの補償になりました。国内で証券業を営む証券会社は，外国証券会社の在日支店も含めて，すべて「投資者保護基金」への加入が義務づけられています。投資者保護基金には，「日本投資者保護基金」（主に国内の証券会社が会員）と「証券投資者保護基金」（主に外資系の証券会社が会員）の2つがあり，証券会社はいずれかに加入することが義務づけられています。

(3) 保険契約者保護機構

　　国内で営業を行う保険会社は，外国保険会社の在日支店も含め，すべて「保険契約者保護機構」への加入が義務づけられています。保険契約者保護機構には，「生命保険契約者保護機構」と「損害保険契約者保護機構」の2つがあり，保険会社は，その取り扱う保険種類に応じた保護機構へ加入しています。

Chapter VI

金融市場

I 金融商品はどこで取引されていますか：金融市場の機能と類型化

問題6-1 短期金融市場

コール市場に関する次の記述のうち，正しくないものはどれですか。

A わが国で最古の短期金融市場である。

B 都市銀行が恒常的に主たる資金の取り手である一方で地方銀行，農林系統金融機関等が恒常的な資金の出し手という構図は1970年代から崩れはじめた。

C 無担保コール市場が1985年に創設されたが，なかなか拡大せず，有担保コールを上回るには至っていない。

D 1990年代以降，金融システムの不安から急速に市場規模が縮小している。

（「証券アナリスト第1次試験」平成15年）

≪解答＆解答の解説≫

答え はCです。というのは，無担保コール市場は拡大し，有担保コールを上回っているからです。コール市場は，①今日約定して今日受け渡しが行われること，②期間1営業日の超短期の運用・調達手段であること，という「最終調整」に必要な条件を満たしています。1985年に無担コール市場が創設され，

Part 1　金融機構論の標準問題

1990年代に入ると有担コールを上回る市場規模になりましたが，99年2月からはじまった「ゼロ金利政策」の影響を受けて，無担コール残高は急減しています。「有担保コール」の担保は国債，公社債，金融債，日銀売出手形などです。短資会社は，有担保コールについてはディーリングとブローキング，無担保コールについてはブローキングをそれぞれ行っています。

【知っておきましょう】　金融市場の類型化の4つの基準

　金融市場は，取引の形態，取引の期間，参加者の範囲，取引される金融商品の内容を基準として分類されています。

① 取引の形態による類型化

　　取引形態を基準として，相対（あいたい）取引の市場と市場取引の市場に大別されます。「相対取引の市場」とは，それぞれ性質の異なった借手が個々ばらばらに特定の金融機関と一対一で交渉のうえ，金利，期間，担保徴求の有無といった取引条件が決定される市場（例えば，貸出市場，CDや大口定期預金を除いた預貯金の市場）です。「市場取引の市場」とは，取引の対象となる金融資産・負債が品質，取引条件等の面で規格化されるとともに，買手（貸手）による等質的な評価が容易であることを背景として，原則として不特定多数の取引者による競り合いを通じて価格・金利や取引量が決定される市場（例えば，国債市場，株式市場など）です。

② 取引の期間による類型化

　　金融市場は，金融商品の満期期間（発行時の償還期間）を基準として，原満期期間あるいは条件付き売買の期間が1年以内の「短期金融市場」と，同1年超の「長期金融市場」の2つに分類されます。短期金融市場は「マネー・マーケット」，長期金融市場は「キャピタル・マーケット」または「証券市場」とそれぞれ呼ばれることがあります。なお，満期までの期間が1～3年程度の金融商品の市場は「中期金融市場」と呼ばれています。

③ 参加者の範囲による類型化

Chapter Ⅵ　金融市場

　　短期金融市場（マネー・マーケット）は，市場参加者の範囲を基準として，市場参加者が金融機関のみに限定されている「インターバンク市場」と，金融機関に加え一般事業法人，地方公共団体などの非金融部門も取引参加者として含まれている「オープン市場」の２つに分類されます。
④　取引される金融商品の内容による類型化
　　証券市場は，取引される金融商品（有価証券）の内容に応じて，国や企業などが発行する債券を取引の対象とする「公社債市場」と，企業に対する持分を表す株式を取引対象とする「株式市場」の２つに分類されます。また，証券市場は，資金調達を目的として新たに証券が発行される「発行市場」（プライマリー・マーケット）と，すでに発行された証券が売買される「流通市場」（セカンダリー・マーケット）の２つに分類されます。さらに，流通市場は，ある特定の物理的な場において取引が集中的に行われる「取引所市場」（証券取引所）と，証券会社が市場状況に基づき顧客との間で個別に売買を行う「店頭市場」（over the counter market）の２つに分類されます。

図６−１　市場取引型金融市場の類型化

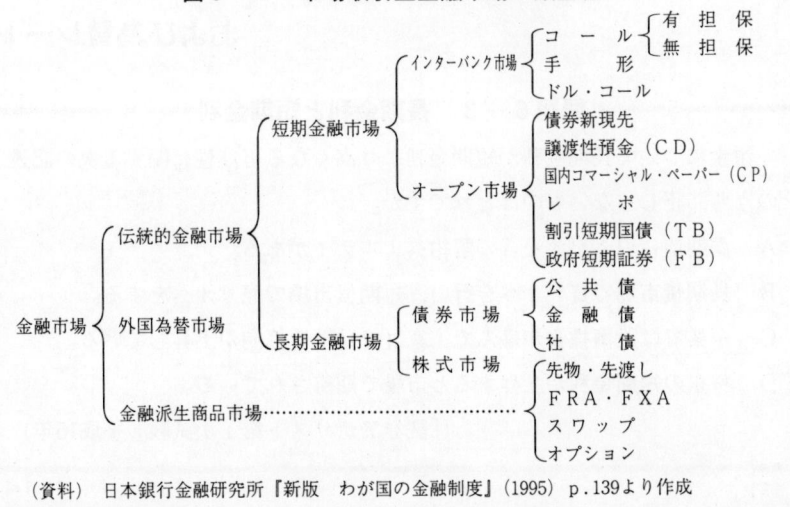

```
                                                              ┌ 有 担 保
                              ┌ インターバンク市場 ┬ コ ー ル ┤
                              │                    │          └ 無 担 保
                              │                    ├ 手   形
                              │                    └ ドル・コール
              ┌ 短期金融市場 ┤                    ┌ 債券新現先
              │               │                    │ 譲渡性預金（CD）
              │               │                    │ 国内コマーシャル・ペーパー（CP）
              │               └ オープン市場 ─────┤ レ ポ
  ┌ 伝統的金融市場              │ 割引短期国債（TB）
  │           │                                    └ 政府短期証券（FB）
  │           │                                    ┌ 公  共  債
金融市場 ┤ 外国為替市場 ┌ 債券市場 ┤ 金  融  債
  │           │ 長期金融市場 ┤                    └ 社    債
  │           │               └ 株式市場
  │           │                                    ┌ 先物・先渡し
  └ 金融派生商品市場 …………………………………………┤ FRA・FXA
                                                    │ スワップ
                                                    └ オプション
```

（資料）　日本銀行金融研究所『新版　わが国の金融制度』（1995）p.139より作成

Part 1　金融機構論の標準問題

───── 問題6－2　資本市場 ─────

資本市場に関する次の記述のうち，正しくないものはどれですか。

A　資本市場は各経済主体が長期の資金調達・運用を行う場であり，公社債市場と株式市場から構成される。

B　公社債市場は国や地方公共団体が発行するさまざまな債券を売買する場である。

C　資本市場は，発行市場と流通市場が並行しながら発達することによってその機能を発揮できる。

D　株式市場には株式店頭市場と取引所市場がある。

（「証券アナリスト第1次試験」平成14年）

≪解答＆解答の解説≫

答えはBです。というのは，「公社債市場」は国や地方公共団体のみならず企業なども発行する債券を売買する場であるからです。

II　株・金利・円：金利・利回り，株価および為替レート

───── 問題6－3　長期金利と短期金利 ─────

預金について長期金利が短期金利より高くなる可能性に関する次の記述のうち，正しくないものはどれですか。

A　満期前に引き出すときの解約ペナルティがある。

B　長期債市場で買いオペを行い，短期債市場で売りオペをする。

C　企業では設備投資が盛んで，家計では消費性向が上昇している。

D　将来の短期金利が上昇すると市場で期待されている。

（「証券アナリスト第1次試験」平成15年）

Chapter Ⅵ 金融市場

≪解答＆解答の解説≫

答えはBです。というのは，長期債市場で買いオペを行えば，長期債の価格は上昇，利回りは下落し，短期債市場で売りオペを行えば，短期債の価格は下落，利回りは上昇するからです。これは長期金利が短期金利より高くなる可能性に逆行する動きです。

【知っておきましょう】 単利最終利回りと複利最終利回り

「債券利回り」とは，債券投資収益率（＝$\dfrac{債券収益}{購入価格}$）のことであり，債券を償還日（満期）まで保有した場合の利回りは「最終利回り」あるいは「満期利回り」と呼ばれています。債券収益は，満期日まで保有した場合を考えると，利息収入（クーポン），満期日の償還差益・差損（＝償還額－購入価格），クーポンの再投資収益の3つの要素からなっています。3つの要素をどのように考慮するかにより，次の3つの利回り概念が考えられています。

① 直接利回り（直利：ちょくり）

「利息収入（クーポン）」のみを考えています。

$$直接利回り（直利）＝\dfrac{クーポン}{購入価格}$$

で計算されます。直接利回りの高い証券を好むことは「直利志向」と呼ばれています。

② 単利最終利回り

年間の「利息収入（クーポン）」と年当たりの「満期日の償還差益（または差損）」を考えています。

$$利付債券の単利最終利回り＝\dfrac{年間の利息収入＋\dfrac{償還価格－購入価格}{残存期間}}{購入価格}$$

で計算されます。「単利」とは，元本に対してだけ貸借期間に正比例して利息を計算することであり，日本の国債は単利最終利回りで計算されています。

Part 1　金融機構論の標準問題

③　複利最終利回り
「利息収入（クーポン）」「償還価格－購入価格」「クーポンの再投資収益」の3つの要素すべてを考えています。「複利」とは、貸借期間の途中で利息を計算し、これを元本に繰り入れ、それを対象に元本に対してと同じ利率で利息を計算することであり、米国の国債は複利最終利回りで計算されています。

問題6－4　株式の投資尺度と配当利回り

ある銘柄の期初の1株当たり純資産は500円、毎年のROEは5％、配当性向は30％で一定、現在の株価は1,000円です。
(1)　この銘柄のPERはいくらになりますか。
(2)　この銘柄の配当利回りはいくらになりますか。

（「証券アナリスト第1次試験」平成13年より作成）

≪解答＆解答の解説≫

ROE（Return on Equity：自己資本利益率）＝ $\dfrac{\text{税引後当期純利益}}{\text{自己資本}}$ であり、本問題では、1株当たり自己資本（1株当たり純資産）＝500円であるので、1株当たり純利益＝1株当たり自己資本×ROE＝500円×0.05＝25円です。

(1)　PER（株価収益率）

$$PER = \dfrac{\text{株価}}{\text{1株当たり純利益}} = \dfrac{1,000円}{25円} = 40倍 \quad \text{答え}$$

(2)　配当利回り

$$\text{配当性向} = \dfrac{\text{配当金}}{\text{純利益}}$$

であり、本問題では、1株当たり純利益＝25円、配当性向30％であるので、1株当たり配当金＝1株当たり純利益×配当性向＝25円×30％＝7.5円です。

$$配当利回り = \frac{1株当たり配当金}{株価} = \frac{7.5円}{1,000円}$$ 答え

$$= 0.0075\ (0.75\%:答え)$$

【知っておきましょう】 株価と平均配当利回り・株式益回り

「東京株式」は東京株式市場、「東証」は東京証券取引所のことで、同じものです。証券取引所に上場されている株式は「上場株」と呼ばれています。

(1) 株　　価

株価には、日経平均（225種・東証）、日経300、日経500平均（東証）、日経総合株価指数、東証株価指数（①・総合：ＴＯＰＩＸ）、単純平均（東証①全銘柄）、日経ジャスダック平均、ＪＱ指数、Ｊストック指数の９種類がありますが、よく耳にするのは、「日経平均株価（225種・東証）」と「ＴＯＰＩＸ（トピックス）」の２つです。

(2) 平均配当利回り

各銘柄の配当利回りは、

$$配当利回り(\%) = \frac{1株当たり年間配当金}{株価} \times 100$$

として計算されています。配当利回りは、預貯金や公社債の利回りと同種のものです。「１株当たり年間配当金」には、「前期基準」（前期の配当実績）、「予想」（今後の予想配当）の２種類があります。個々の銘柄利回りを加えて銘柄数で割ったものは「平均配当利回り」、個々の銘柄の年間配当金総額を時価総額で割ったものは「加重平均配当利回り」とそれぞれ呼ばれています。企業が固定的な配当政策を続けてきたため注目度は薄れていますが、低金利時代には投資尺度としての重要性が増します。

(3) 株式益回り

各銘柄の株式益回りは、

$$\text{株式益回り} = \frac{\text{年間配当金}+\text{値上がり益}}{\text{株　価}} \times 100$$

として計算されます。株式益回りは,「総合利回り」あるいは「投資収益率」と呼ばれています。配当利回りは負になることはありませんが,株式益回りは,株価が値下がりすれば負になることもあります。配当利回りは,他の金融商品の金利に比べてきわめて低いので,「株式投資は配当利回りではとても買えない。あくまでも値上がり益(キャピタル・ゲイン)の追求にある」といわれています。「長期債利回り－株式益(利)回り」は,「イールド・スプレッド(利回り格差)」と呼ばれています。

表6－1　東京株式

日経平均　大引け	17202円46銭	－7円46銭
（225種・東証）	騰落率	－0.043%
日経300	339.89	－0.55
	騰落率	－0.161%
日経500平均（東証）	1482円59銭	＋3円81銭
	騰落率	＋0.257%
日経ＪＡＰＡＮ1000	1995.04	－0.79
日経総合株価指数	495.08	－0.04
東証株価指数（①・総合）	1703.54	－1.04
	騰落率	－0.061%
単純平均（東証①全銘柄）	464円31銭	＋1円01銭
マザーズ指数	1105.17	＋23.93
ヘラクレス指数	1825.26	＋42.61
日経ジャスダック平均	2158円54銭	＋7円49銭
ＪＱ指数	88.32	＋1.02
Ｊストック指数	1852.09	＋27.61
日経平均除数＝24.293	倍率＝9.262	

(注)　①は1部,②は2部上場
(資料)　『日本経済新聞』2007年1月17日

表6－2　配当利回りと株式益回り

（連結ベース）

◇時価総額（億円）			◇株価収益率（ＰＥＲ，倍）			
東　　証	①	②			前期基準	予　想
	5532872	72942	①	225種	21.71	20.20
ジャスダック	136867		①	300	21.86	21.44
・普通株式数（百万株）			①	500種	21.58	21.43
東　　証	①	②	①	全銘柄	22.12	21.54
	334354	13711	②	全銘柄	23.32	17.81
ジャスダック	13437		ジャスダック		37.78	24.36
・1株当たり時価（円）			◇株式益回り（％）			
東　　証	①	②	①	全銘柄	4.51	4.64
	1654.78	531.97	◇平均配当利回り（％,売買単位換算）			
ジャスダック	1018.57				前期基準	予　想
◇純資産倍率（ＰＢＲ,倍,前期基準）			①	225種	0.93	1.01
①　225種	2.14		①	300	1.01	1.10
①　300	2.10		①	全銘柄	1.11	1.17
①　500種	2.08		同	（加重）	1.00	1.11
①　全銘柄	1.98		②	全銘柄	1.38	1.40
②　全銘柄	1.24		同	（加重）	1.27	1.30
ジャスダック	1.67		ジャスダック		1.53	1.54

（資料）『日本経済新聞』2007年1月17日

問題6－5　先物為替レート

　外国為替の先物為替レートに関する次の文章を読み，以下の問いに答えなさい。

　現在の国内金利（1年物）は1％，米国金利（1年物）は4％である。また，外国為替市場で，直物為替レートが105円／＄，先物為替レート（1年）が103円／＄で取引されているとする。貸出金利と借入金利の差はなく，手数料，税金は考えない。このとき，ある投資家（金融機関）が1億円を借り，直物でドルを購入すると，［　Ａ　］万ドルになる。この［　Ａ　］万ドルを米国金利で1年間運用すると，［　Ｂ　］万ドルになる。この［　Ｂ　］万ドルを，現在の先物為替レートで売る契約を行うと，1年後

Part 1　金融機構論の標準問題

に［　C　］万円を確実に受け取ることができる。この受取から，借りた1億円に利子をつけて返済しても，［　C　］万円と返済額10,100万円との差額が利益として残る。この利益は，自己資金ゼロでかつ無リスクで手に入れられる。このような取引を［　D　］取引という。現実の為替市場ではこのような取引機会はほとんど存在しないので，この取引の利益がゼロになるように為替レートが決定される。

(1)　AとBに入る正しい組合わせはどれですか。

　　　　A　　　　B
① 95.24　　96.19
② 95.24　　99.05
③ 97.09　　98.06
④ 97.09　　100.98

(2)　Cに入る正しい数値はいくらですか。

(3)　Dに入る正しい語句はどれですか。
① 現先
② 投機
③ ヘッジ
④ 裁定

(4)　直物為替レートは105円のままで，「この取引の利益がゼロになるように為替レートが決定される」に従って先物為替レートが値つけされている場合，先物為替レートはいくらになりますか。

（「証券アナリスト第1次試験」平成12年より作成）

≪解答＆解答の解説≫

　本問題では，e＝現在の直物為替レート＝105円，f＝現在の1年物の先物為替レート＝103円，r＝現在の1年満期の国内金利＝0.01，r_w＝現在の1年満期の米国金利＝0.04です。

Chapter Ⅵ　金融市場

(1) 円からドルへの直物市場での変換とドル建て運用

　A　1単位の円－（円からドルへの直物市場での変換）→ $1円 \times \dfrac{ドル}{円} = 1 \times \dfrac{1}{e}$ ドルであるので，

　　$1億円 \times \dfrac{1}{e} = 1億円 \times \dfrac{1}{105} = 95.24万ドル$　答え

　B　$1円 \times \dfrac{ドル}{円} = 1 \times \dfrac{1}{e}$ ドル－（運用）→ $1 \times \dfrac{1}{e}(1+r_w)$ ドルであるので，

　　$1億円 \times \dfrac{1}{e}(1+r_w) = 95.24万ドル \times (1+0.04)$
　　　　　　　　　　　　$\fallingdotseq 99.05万ドル$　答え

(2) ドルから円への先物市場での変換

　　$1 \times \dfrac{1}{e}(1+r_w)$ ドル－（ドルから円への先物市場での変換）→ $1 \times \dfrac{1}{e}(1+r_w)$ ドル $\times \dfrac{円}{ドル} = 1 \times \dfrac{1}{e}(1+r_w) \times f$ 円であるので，

　　$1億円 \times \dfrac{1}{e}(1+r_w) \times f = 99.05万ドル \times 103 \fallingdotseq 10{,}200万円$　答え

(3) 自己資金ゼロで，かつ無リスクで利益が得られる取引は「裁定取引」　答え　と呼ばれています。

(4) 先物為替レート

　　問題は，$1億円 \times \dfrac{1}{e}(1+r_w) \times f - 1億円 \times (1+r) = 0$ を満たす f を計算することです。

　　$f = \dfrac{1+r}{1+r_w} \times e$

　　$= \dfrac{1+0.01}{1+0.04} \times 105 \fallingdotseq 102円$　答え

【知っておきましょう】　直物相場と先物相場

　「直物（じきもの）」とは，ドルを売った，買ったという契約をしてから，実際の円とドルとの交換（受け渡し）を行うのが2営業日後（つまり翌々日で，例えば，火曜日のときは木曜日）までであることを意味しています。「直物」に対するものとして「先物（さきもの）」があります。例えば，1カ月先物についていえば，7月1日にドルを売った，買ったという契約

をしたとき，7月3日が起算日（直物取引の受渡日）となり，それから1カ月先の8月3日が応当日（先物取引の受渡日）になります。つまり，売り買いの契約と現金の受け渡しがほぼ同時なのが「直物」，ほぼ1カ月離れれば「1カ月先物」，ほぼ3カ月離れれば「3カ月先物」です。

【知っておきましょう】　金利裁定：アンカバーの金利平価式

「金利裁定」は，自国通貨建て・外国通貨建ての短期資産間の裁定関係です。外貨建て資産運用を行うときに，為替リスク（為替レート変動のリスク）をヘッジするために為替の先物を用いれば「カバーつき」，為替リスクにさらされたままであれば「カバーなし（アンカバー）」とそれぞれ呼ばれています。以下の，「アンカバーの金利平価式」の説明では，国際間の資本移動は完全に自由で，自国証券と外国証券は為替リスク以外のリスクに関して差がないと仮定します。そして，投資家はリスク中立者であり，証券の選択基準は，運用の元利合計の期待値（リターン）だけであると仮定します。次に，記号を，e＝今期の直物為替レート，e^*＝来期の予想直物為替レート，r＝1年満期の自国証券の円建て金利，r_w＝1年満期の外国証券のドル建て金利と定義します。1単位の円を内外の証券に投資します。外国通貨建て証券は，満期時の直物為替レートが不明なので，為替リスクがあります。ですから，自国証券と外国証券は同じ資産とはいえません。自国証券，外国証券への投資の満期時の元利合計は，それぞれ次のようになります。

① 自国証券への運用

　1単位の円－（運用）→ $1 \times (1+r)$ 円

② 外国証券への運用

　1単位の円－（円からドルへの直物市場での変換）→ $1円 \times \dfrac{ドル}{円} = 1 \times \dfrac{1}{e}$ ドル－（運用）→ $1 \times \dfrac{1}{e}(1+r_w)$ ドル－（ドルから

Chapter Ⅵ　金融市場

円への直物市場での変換)→ $1 \times \frac{1}{e}(1+r_w)$ドル $\times \frac{円}{ドル}$

$= 1 \times \frac{1}{e}(1+r_w) \times e^*$ 円

自国証券，外国証券への投資の元本はいずれも円1単位ですので，満期時の元利合計を比較して高い方に運用されます。外国証券への投資の方が元利合計が大きいと予想されるときには，つまり，

$(1+r) < \frac{1}{e}(1+r_w) \times e^*$ （自国証券元利＜外国証券元利）

であれば，直物ドル買いが大量に出て，直物為替レート（e）は上昇（ドル高・円安）し，元利合計のギャップは解消します。逆は逆で，その結果，均衡では，

$(1+r) = \frac{1}{e}(1+r_w) \times e^*$ （自国証券元利＝外国証券元利）

が成立します。両辺を $(1+r_w)$ で割ると，

$\frac{1+r}{1+r_w} = \frac{e^*}{e}$

であり，そして

$\frac{1+r}{1+r_w} \fallingdotseq 1 + r - r_w$

であるので，

$1 + r - r_w = \frac{e^*}{e}$

つまり，

$r - r_w = \frac{e^* - e}{e}$ 　（アンカバーの金利平価式）

を得ることができます。かくて，

$r = r_w + \frac{e^* - e}{e}$

自国証券の利子率＝外国証券の利子率＋為替レートの予想変化率

です。内外金利差は，為替レートの予想変化率に一致しています。

> **【知っておきましょう】 カバーつきの金利平価式**
>
> 「カバーつき」とは，先物カバーつきのことです。「アンカバーの金利平価式」の説明のところで，自国証券と外国証券は同じ資産ではないといいましたが，外国証券へ投資するときに，満期の元利合計を前もって先物市場で売っておけば，満期時には円ベースで確定した元利合計を得ることができ，自国証券と外国証券は無差別になりえます。「カバーつきの金利平価式」は，来期の予想直物為替レート（e^*）を先物為替レート（f）で置き換えたものです。つまり，
>
> $$r - r_w = \frac{f - e}{e} \quad \text{（カバーつきの金利平価式）}$$
>
> です。$\frac{f-e}{e}$ は，「直先スプレッド」と呼ばれています。先物レートが直物レートよりもドル安（$f < e$）のときは「ディスカウント（d）」，先物レートが直物レートよりもドル高（$f > e$）のときは「プレミアム（p）」とそれぞれ呼ばれています。118.10円を直物レートとすれば，「1カ月d 0.551」は，「1カ月先物レート」が，
>
> 　118.10 − 0.551 ≒ 117.55円（5ケタの表示）
>
> であることを示しています。

Chapter VII

通　　貨

I　マネタリーベース：ハイパワードマネー

━━━ 問題7－1　貨幣の機能 ━━━

貨幣に関する次の記述のうち，正しいものはどれですか。

A　貨幣に価値の保蔵手段としての機能があるのは，計算単位としてあらゆる経済取引の基準となるからである。

B　貨幣には，中央銀行が供給する外部貨幣と，民間銀行が信用創造によって供給する内部貨幣がある。

C　要求払い預金がマネーサプライに含まれるのは，預金準備率操作によって中央銀行が裁量的にコントロールできるからである。

（「証券アナリスト第1次試験」平成8年）

≪解答＆解答の解説≫

A：誤り

　というのは，貨幣に価値の保蔵手段としての機能があるのは，貨幣が決済手段として役立つからです。

B：正しい

C：誤り

　要求払い預金はマネーサプライに含まれています。ただし，預金準備率操作によって中央銀行が裁量的にコントロールできるからではなく，要求払い

預金が実体経済と関連性の高い通貨であるからです。マネーサプライの計算にあたっては,「誰の負債をマネーサプライに含めるのか」「誰の資産をマネーサプライに含めるのか」の2点が重要です。

> **【知っておきましょう】 貨幣の3つの機能**
>
> J.R.ヒックスは,以下の3つの機能をすべて保有している貨幣を「完全に発展した貨幣」,3つの機能のうち1つ(あるいは2つ)を保有しているがそのすべては保有していない貨幣を「部分貨幣」とそれぞれ呼んでいます。
>
> ① 一般的価値尺度(numéraire:ニュメレール)
>
> 　財の交換取引には,交換比率(相対価格体系)の情報が必要です。n種類の財から成る物々交換経済の世界では,(1/2)n(n−1)個の交換比率の情報が必要になります。これはnが大きくなると天文学的な数になります。「一般的価値尺度」としての貨幣は,財の価値を単一の指標で表し,簡潔に相互に比較可能にします。貨幣を導入すると,(n−1)個の交換比率だけで整合的な交換が行われるようになります。なお,貨幣の計算単位の変更は「デノミ」(denomination)と呼ばれています。
>
> ② 一般的決済手段
>
> 　「一般的決済手段」(一般的交換手段と一般的支払手段)としての貨幣の導入は,「欲望の二重の一致」の困難を克服します。貨幣は,取引の媒体となることによって,交換の成立に大きな役割を果たします。一般的「交換」手段(monnaie)は現在の同一時点,同一場所での交換取引のために,一般的「支払」手段は将来時点での債権・債務の清算のために使用されます。
>
> ③ 一般的価値貯蔵手段
>
> 　「一般的価値貯蔵手段」は,時間にわたって価値を貯蔵するために使用されます。貨幣が価値貯蔵手段となるのは,貨幣が決済手段とし

て，いつでも，どこでも受容されるからです。「一般的価値保蔵手段」とも呼ばれていますが，「保蔵」は hoarding（遊休貨幣の保有）の訳語であり，store of value は価値の「貯蔵」と訳されるべきでしょう。

===== 問題7－2　ハイパワードマネー =====

通貨の供給に関する次の記述のうち，正しくないものはどれですか。

A　法定預金準備率を引き下げれば，ハイパワードマネーの供給量を増やさなくても通貨供給量を増やすことができる。

B　国民が現金通貨に対する選好を強めれば，ハイパワードマネーの供給量が一定でも，経済全体の通貨供給量は減少する。

C　通貨乗数による理解は，ハイパワードマネーの供給が完全に外生的になされ，その結果として瞬時に通貨供給量が変化するとの扱いがなされている点が，非現実的である。

D　通貨の供給量は，中央銀行の行動および民間非銀行部門の行動に依存して決定されるものであり，民間銀行の行動とは直接関係がない。

（「証券アナリスト第1次試験」平成13年）

≪解答＆解答の解説≫

答えはDです。というのは，通貨の供給量（マネーサプライ）は中央銀行，民間非銀行部門，民間銀行の三者の行動によって決定されるからです。

【知っておきましょう】　マネタリーベース

「マネタリーベース」は，「ハイパワードマネー」,「ベースマネー」あるいは「中央銀行通貨」とも呼ばれています。マネーサプライが金融部門全体（日本銀行，民間金融機関，郵便局など）が供給するお金であるのに対し，「マネタリーベース」は日本銀行が供給するお金です。以下の，日本銀行の貸借対照表から，マネタリーベースを定義しましょう。

Part 1　金融機構論の標準問題

図7-1　日本銀行のバランスシートとマネタリーベース

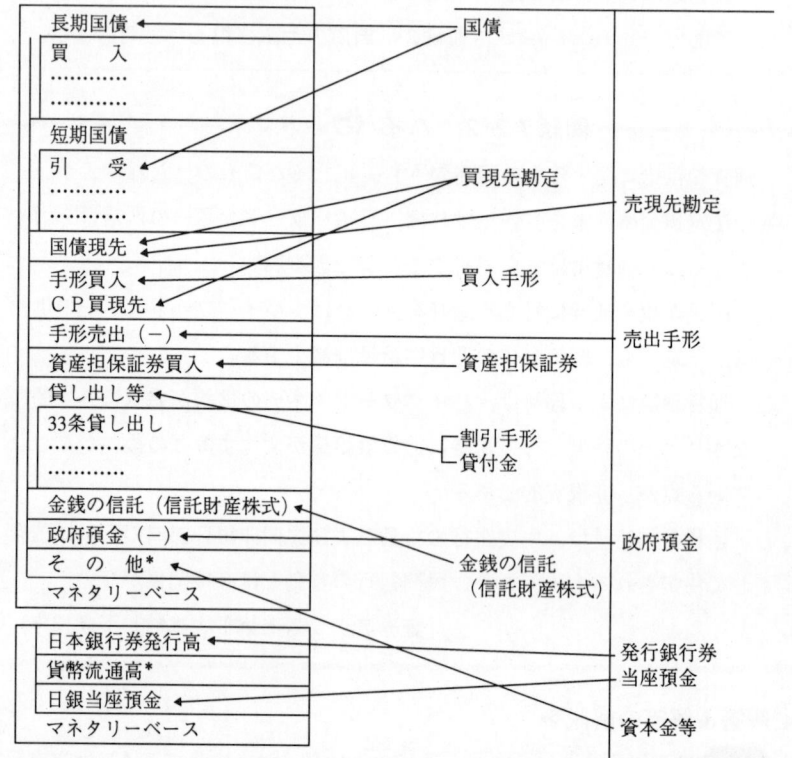

「マネタリーベースと日本銀行の取引」　　　　　日本銀行のバランスシート

「マネタリーベースと日本銀行の取引」	日本銀行のバランスシート
長期国債 ←	国債
買　入	
…………	
…………	
短期国債	
引　受 ←	
…………	
…………	
国債現先 ←	買現先勘定
	売現先勘定
手形買入 ←	買入手形
ＣＰ買現先	
手形売出（－）←	売出手形
資産担保証券買入 ←	資産担保証券
貸し出し等 ←	
33条貸し出し	割引手形
…………	貸付金
…………	
金銭の信託（信託財産株式）←	
政府預金（－）←	政府預金
その他*	金銭の信託（信託財産株式）
マネタリーベース	
日本銀行券発行高 ←	発行銀行券
貨幣流通高*	当座預金
日銀当座預金	資本金等
マネタリーベース	

　日本銀行のバランスシートの「マネタリーベースと日本銀行の取引」への組み替えを図示すると, 以下のとおり。

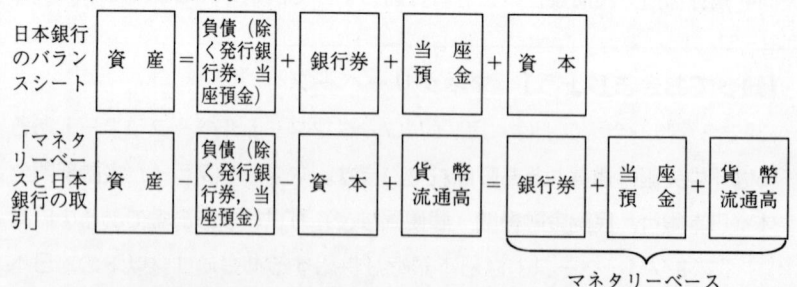

日本銀行のバランスシート：　資産 ＝ 負債（除く発行銀行券,当座預金）＋ 銀行券 ＋ 当座預金 ＋ 資本

「マネタリーベースと日本銀行の取引」：　資産 － 負債（除く発行銀行券,当座預金）－ 資本 ＋ 貨幣流通高 ＝ 銀行券 ＋ 当座預金 ＋ 貨幣流通高

　　　　　　　　　　　　　　　　　　　　　　　　　　　　　　　　　　　　マネタリーベース

（注）　＊貨幣流通高は別途加算している。
（資料）　日本銀行調査統計局『金融経済統計月報』第55号

Chapter Ⅶ　通　貨

> つまり，
> マネタリーベース
> 　　＝日銀当座預金＋日本銀行券発行高＋貨幣（硬貨）流通高
> 　　＝日銀当座預金＋マネーサプライ対象金融機関の手元現金準備
> 　　　＋現金通貨　（マネーサプライ統計の用語法）
> 　　＝日銀当座預金＋流通現金　（マネタリーベース統計の用語法）
> と定義されています。

Ⅱ　マネーサプライ：通貨供給量

問題7－3　マネーサプライの定義

マネーサプライの定義に関する次の記述のうち，正しくないものはどれですか。

A　中央銀行が民間銀行にネットで供給した資金をハイパワードマネーと呼び，具体的には銀行以外の民間部門が保有する現金と民間銀行の中央銀行預け金の残高を指す。

B　M_1は銀行以外の民間部門が保有する現金と要求払預金の合計である。

C　M_2はM_1に銀行以外の民間部門が保有する定期性預金を加えたものである。

D　M_3はM_2にＣＤを加えたものである。

（「証券アナリスト第1次試験」平成12年）

≪解答＆解答の解説≫

答えはDです。というのは，M_2にＣＤを加えたものは「M_2＋ＣＤ」であり，M_3は「M_2＋郵便貯金＋その他金融機関預貯金＋金銭信託」であるからで

す。

> **【知っておきましょう】 マネーサプライ**
>
> 　マネーサプライは金融部門全体（日本銀行，民間金融機関，郵便局など）が供給するお金です。「マネーサプライ」は，国民経済で流通している貨幣（money in circulation or currency：流通貨幣，つまり通貨）の総量です。マネーを意味するMの下添字の数字で，数種類の通貨を定義しています。この数字が大きくなればなるほど，通貨の対象範囲は広がり，より使い勝手の悪い（流動性が低い）通貨を含むようになります。つまり，
>
> 　M_1＝現金通貨＋預金通貨（流動性預金）
>
> 　M_2＋CD＝M_1＋準通貨（定期性預金）＋譲渡性預金（CD）
>
> です。CDは譲渡によるキャピタル・ロス発生の余地があるので，M_2とは別建てにされています。また，M_2＋CDに郵便貯金，投資信託，国債などを加えた通貨は「広義流動性」と呼ばれています。わが国のマネーサプライの中心指標は，M_2＋CD（エムツープラスCD）です。

> **【知っておきましょう】 M_2＋CDの計算**
>
> 　M_2＋CDの計算に当たっては，「誰の負債をマネーサプライに含めるのか」「誰の資産をマネーサプライに含めるのか」の2点が重要です。M_2＋CDの対象金融機関（誰の負債か）は，日本銀行，国内銀行，外国銀行在日支店，信金中央金庫，信用金庫，農林中央金庫，商工組合中央金庫です。マネーサプライ保有者（誰の資産か）は，地方公共団体，非金融法人（証券会社，証券金融会社，短資会社などを含む），個人などです。M_2＋CDの対象金融機関，中央政府はマネーサプライ保有者に含みません。というのは，日本銀行の負債（マネタリーベース）と市中金融機関の資産（マネタリーベース）は相殺し合うからです。また，政府当座預金は国庫資金繰りのための必要最小限の支払準備であり，その大小は政府支出を左右する

ものではないからです。マネーサプライは，マネーサプライ保有者（需要者）の保有量によって測られるので，「通貨供給量」よりは「通貨残高」と訳したほうがよいかもしれません。

表7－1　マネーサプライの定義

			各指標の定義と対象金融商品		通貨発行主体
広義流動性	M₃+CD	M₂+CD	M₁	現金通貨	銀行券発行高＋貨幣流通高	日銀*
				預金通貨	要求払預金（当座，普通，貯蓄，通知，別段，納税準備）－対象金融機関保有小切手・手形	国内銀行，在日外銀，信金，信金中金，農中，商中
			準通貨	定期預金，据置貯金，定期積金，非居住者円預金，外貨預金	同上
			ＣＤ	ＣＤ（譲渡性預金）	同上
		郵便貯金	通常，積立，住宅積立，教育積立，定額定期，郵便振替	日本郵政公社
		その他金融機関預貯金	要求払預貯金（当座，普通，貯蓄，通知，別段，納税準備）－対象金融機関保有小切手・手形，定期預貯金，定期積金，非居住者円預金，外貨預金，ＣＤ（譲渡性預金）	信用組合，全信組連，労働金庫，労金連，農協，信農連，漁協，信漁連
		金銭信託	金銭信託（投資信託，年金信託等を除く）	国内銀行の信託勘定
	金銭信託以外の金銭の信託	金銭信託以外の金銭の信託	同上
	投資信託	公社債投信，株式投信	同上
	金融債	金融債	金融債発行金融機関（長信銀，農中等）
	金融機関発行ＣＰ	金融機関発行ＣＰ（短期社債を含む）	金融機関（国内銀行，農中，商中，保険会社等）
	債券現先・現金担保付債券貸借	債券現先（買現先）現金担保付債券貸借（債券借入〈現金担保放出〉）	資金調達主体
	国債・ＦＢ	国債（ＴＢ，財融債を含む），ＦＢ	中央政府
	外債	非居住者発行債（円建て，外貨建て）	外債発行機関
参考計数	年金信託	年金信託	国内銀行の信託勘定
	外債（ドルベース）	非居住者発行債（円建て，外貨建て）をドル換算	外債発行機関

（注）いずれも非金融法人，個人，地方公共団体等の保有分。
　＊　貨幣は，厳密には中央政府が発行しているが，マネーサプライ統計上は日銀の発行として分類。
（資料）日本銀行調査統計局『金融経済統計月報』第55号

Chapter VIII

日本銀行の金融調節と金融政策

I　日本銀行：BOJとMOF

---**問題8－1　日 本 銀 行**---

　日本政府の債務発行とその日本銀行引受に関する次の記述のうち，誤っているものはどれですか。

A　1947年の財政法では，国債発行に関する建設国債の原則（すなわち，赤字国債の原則的禁止）と日本銀行による国債引受の原則的禁止とが定められている。

B　政府の発行している短期債務としては，短期の資金繰りのための短期国債と長期国債の借換えを円滑化するための政府短期証券の2種類がある。

C　短期国債は公募入札により発行されているが，政府短期証券は，そのほとんどが日銀引受となっている。

（「証券アナリスト第1次試験」平成10年）

≪解答＆解答の解説≫

　答えはBです。というのは，正しくは「短期の資金繰りのための政府短期証券と長期国債の借換えを円滑化するための短期国債の2種類がある」からです。国債は，国が発行する債券で，毎年度国会の議決を得た範囲内で，一般会計の財源調達および国債償還資金調達のために発行されています。国債は，発

Part1　金融機構論の標準問題

行目的を基準として，歳入の調達を目的とする「歳入債」，日々の国庫資金繰りの安定化を目的とする「融通債」，当座の支出に代えて発行される「繰延債」（政府短期証券）に大別されます。歳入債は，さまざまな歳出需要を賄うための歳入調達を目的として発行される国債の総称であり，通常「国債」という場合は，この歳入債のことです。

【知っておきましょう】　日本銀行の３つの機能

日本銀行（Bank of Japan：ＢＯＪ）と財務省（Ministry of Finance：ＭＯＦ）はともに「金融当局」と呼ばれています。ＢＯＪ（ビーオージェ）とＭＯＦ（モフ）はともに金融当局と呼ばれていますが，財務省は金融市場の外から「金融規制」を行い，日本銀行は金融市場の中で「金融調節」を行いながら，金融政策を遂行しているという違いがあります。では，日本銀行は，金融市場の中でどのような働きをしているのでしょうか。日本銀行には，「発券銀行」「金融機関の銀行」「政府と民間をつなぐ銀行」の３つの機能があります。

①　発 券 銀 行

日本銀行は「日本銀行券」を発行し，お札には日本銀行券と印刷されています。日本銀行は，銀行券の発行高に対して同額の保証を保有する必要があり，保証物件としては，商業手形などの手形，貸付金，国債その他の債券，外国為替，地金銀などが認められています。

②　金融機関の銀行

日本銀行は金融機関とだけ取引を行っています。個人が日本銀行に行っても，預金の受け入れも，貸出も行ってくれません。日本銀行は，資金・証券決済の担い手である取引先金融機関（銀行，証券会社，短資会社など）から当座預金を受け入れています。準備預金制度の準備預金は，当座預金（日銀預け金）勘定に積み立てられ，当座預金勘定は手形交換尻決済，コール資金取引の決済および日本銀行貸出金の受払いなどにも利用されています。日本銀行は，金融機関に対して手形

（再）割引および手形貸付を行っています。
③ 政府と民間をつなぐ銀行

日本銀行は，政府の銀行として国庫金（税金，社会保険料，公共事業費，年金など）の出納事務を取り扱い，国庫金の収支は，すべて日本銀行にある政府当座預金の受払いとして整理されています。つまり，日本銀行は政府の金庫番です。日本銀行による国債の引受けは，「財政法」第5条により原則として禁じられていますが，財政法第5条但し書きおよび「日本銀行法」第34条により引受けが認められている範囲内で，国会の議決を経て例外的に行われています。FB（政府短期証券）の引受けは，2000年度の公募入札方式による発行への移行完了後は，国庫に予期せざる資金需要が生じた場合等に限り，例外的に実施されます。また，国債整理基金および財政融資資金の余裕資金の運用や資金繰り上のニーズに応じるため，利付国債の買戻条件付売却（長期国債売現先）などが行われています。

日本銀行は，金融市場の中で，上記の「発券銀行」「金融機関の銀行」「政府と民間をつなぐ銀行」の3つの機能を果たしながら，最終目標（物価の安定）を達成するために，金融政策を行っています。

II 金融調節：日銀当座預金増減要因と金融調節

問題8-2 日本銀行の金融調節

日本銀行による金融調節についての記述のうち，正しいものはどれですか。

A 日本銀行は長い間，日々のハイパワードマネーの供給量をコントロールすることを最優先の政策目標としてきたために，結果として，コール

Part 1　金融機構論の標準問題

レートなどの短期金融市場での不安定な金利変動を容認してきた。
B　日本銀行の金融調節は，1カ月単位で銀行に課された準備預金の積立て枠の進捗度を目安にしながら，日々必要となるハイパワードマネーを供給することによって，コールレートなどの短期金利の誘導目標を達成するために行われてきた。
C　日本銀行の金融調節は，かつては国債や手形，ＣＰなどの公開市場操作によっていたが，最近では日銀貸出しの量的コントロールを中心的な政策手段としている。

(「証券アナリスト第1次試験」平成11年)

≪解答＆解答の解説≫

A：誤り

　というのは，問題文とは逆に，日本銀行は長い間，コールレートなどの短期金融市場金利の安定化をはかってきたからです。

B：正しい

C：誤り

　というのは，正しくは「日本銀行の金融調節は，かつては日銀貸出しの量的コントロールによっていたが，最近では国債や手形，ＣＰなどの公開市場操作を中心的な政策手段としている」からです。

　日本銀行は，1988年11月以降は，操作目標として「コールレート」を用いていましたが，99年2月に「無担保コールレート・オーバーナイト物」の誘導水準をゼロ％に誘導し，これは「ゼロ金利政策」と呼ばれるようになりました。そして，日本銀行政策委員会は，2001年3月19日の金融政策決定会合において，金融市場調節方式を変更し，金融調節の主たる操作目標を，従来の「金利（無担保コールレート・オーバーナイト物）」から「資金量（日本銀行当座預金残高）」に変更し，それは「量的金融緩和政策」と呼ばれています。しかし，2006年3月に「量的金融緩和政策」，7月に「ゼロ金利政策」

がそれぞれ解除され、短期金利の誘導目標はゼロ％から0.25％に引き上げられました。

> 【知っておきましょう】　コールレートの高め誘導・低め誘導
>
> 　日次ベースでは、日本銀行は、準備預金積上げの進捗率の調整を通じて、インターバンク市場金利をコントロールできます。それは「コールレートの低め誘導」などと呼ばれることがあります。つまり、日本銀行は、積み最終日である15日を除いた特定の日には、決済資金の不足（「日銀当座預金増減要因と金融調節」の資金不足）を完全に相殺しなかったり、逆に資金不足を埋めて余りが出るほどの資金供給を行うことができます。「資金過不足」の変化をどの程度相殺するかについては、月次の制約と日々の円滑な決済の遂行という制約の下で、日本銀行がイニシアチブをとって決めることができます。
>
> 　インターバンク市場金利を引き上げたいとき（コールレートの高め誘導）、日本銀行は日々の資金不足に対して信用供与を少なめにしたり、資金余剰に対して信用回収を多めにしたりします。それらは金融機関の準備預金積上げの進捗率を遅らせます。準備預金積上げの進捗率を遅らせるような金融調節は、金融政策スタンスの変更を示すシグナルとみなされ、金融機関に金利先高感をいだかせます。逆に、インターバンク市場金利を引き下げたいとき（コールレートの低め誘導）、日本銀行は日々の資金不足に対して信用供与を多めにしたり、資金余剰に対して信用回収を少なめにしたりします。それらは金融機関の準備預金積上げの進捗率を早めます。準備預金積上げの進捗率を早めるような金融調節は、金融機関に金利先安感をいだかせます。かくて、日本銀行の金融調節は、金融機関の金利予想に働きかけ、それらの信用創造活動に影響を及ぼすことができます。

Part 1　金融機構論の標準問題

III　金融政策の２段階アプローチ：金融政策の運営

問題８－３　日本銀行の金融政策

日本銀行の金融政策の手段に関する次の記述のうち，正しくないものはどれですか。

A　日本銀行貸出は，公定歩合がコールレートを下回るようになって以来，金融調節の手段としてほとんど使われなくなっている。

B　日本銀行のロンバート型貸出に適用される金利は，短期金融市場の金利に連動する仕組みとなっている。

C　日本銀行の公開市場操作は，短期国債市場のほか，レポ市場，債券現先市場，ＣＰ市場などでも行われている。

D　日本銀行の必要準備率操作は，最近においては金融政策の手段としてほとんど使われなくなっている。

（「証券アナリスト第１次試験」平成14年）

≪解答＆解答の解説≫

答え はBです。というのは，ロンバート型貸出に適用される金利は公定歩合であるからです。

【知っておきましょう】　金融政策手段：日本銀行の３つの玉

「金融政策」は，経済全体における通貨量や金利水準を適切に保つことにより，物価を安定させ，人々の生活や経済の安定的な発展を実現しようとする中央銀行の政策です。日本銀行は，「通貨及び金融の調節」にかかわる，次の３つの金融政策手段をもっています。

(1)　貸出政策

　① 公定歩合

　　「公定歩合」とは，日本銀行が金融機関に対し貸出を行う際に適用

する割引歩合のことです。公定歩合の引上げは金融引き締め，引下げは金融緩和をそれぞれ意味しています。日本銀行は，まず公定歩合操作により金融政策の運営スタンスを明確にし，その上で貸出態度を変更することにより，日々の金融調節を行っています。公定歩合の変更は，コスト効果（金融機関の資金調達コストの変化），アナウンスメント効果（非金融部門に対する心理的効果）を通じて，マネタリーベースに影響を及ぼします。「ロンバート型貸出制度」導入後は，公定歩合には，「コールレートの変動の上限を画し，短期市場金利の安定性を確保する」という新しい機能が与えられることになりました。

② 貸出態度

日本銀行は，民間金融機関に対し，公定歩合を支払う用意がある借入需要に対して受動的に全額貸し応ずるのではなく，その内容により貸出額を調節しています。

③ ロンバート型貸出制度（補完貸付制度）

2001年3月16日に開始された「ロンバート型貸出制度」においては，金融機関は，一定の条件の下で，担保さえあれば必ず日本銀行から公定歩合で資金を借り入れることができます。これまでの貸出は，日本銀行が公定歩合を支払う用意がある借入需要に対して受動的に全額貸し応ずるのではなく，その内容により貸出額を調節していましたが，ロンバート型貸出では，金融機関は担保さえあれば，公定歩合で借り入れる権利をもつことになり，日銀は完全に受動的です。

(2) 債券・手形の売買操作（公開市場操作：売りオペ・買いオペ）

日本銀行は，金融機関（銀行，証券会社，短資会社など）との間で短期国債・利付国債・CP・手形などの売買（オペレーション）を必要に応じて行っています。オペレーションには，日本銀行が金融市場に資金を供給するためのオペレーション（買いオペ）と，金融市場から資金を吸収するためのオペレーション（売りオペ）の2つがあります。「売り

オペ」は金融引き締め,「買いオペ」は金融緩和をそれぞれ意味しています。日本銀行の金融調節のスタンスを見極めるためには,オペが実施されたとき,資金供給・資金吸収の量,期間の長短,金利水準の高低を分析することが重要です。日銀が,資金不足を大きく上回る金額の資金を,長めの期間を設定して,市場実勢より低い金利水準で供給すれば,金融緩和の姿勢の表れと読むことができます。

(3) 準備率操作

「準備預金制度」は,民間金融機関をして預金等の一定割合（預金準備率）を日銀預け金として無利子で日本銀行に強制的に預入させる制度です。預金準備率の変更は「準備率操作」と呼ばれています。日本銀行は,預金準備率を変更することにより,金融機関の預金準備を増減させ,民間金融機関の信用創造（貸出・派生的預金の創出）をコントロールしています。預金準備率の引上げは金融引き締め,預金準備率の引下げは金融緩和をそれぞれ意味しています。

問題8－4　金融政策の運営

中央銀行と金融政策に関する次の記述のうち,正しくないものはどれですか。

A　マネーサプライなどの中間目標を設け,これをターゲットとする政策運営がかつては多くの国でみられたが,近年では,通貨需要関数の不安定化などの事情からむしろインフレ率を直接的に政策ターゲットとする政策運営方式をとる国が増えてきている。

B　国内物価と為替相場の両方を金融政策の直接目標とするような政策運営は,ティンバーゲンの定理に照らせば,適切とはいえない。

C　中央銀行の独立性強化は,アカウンタビリティ（説明責任と最終責任）の確保と一体化して主張される必要がある。

D　日本銀行法の改正（1998年）は,いわゆる護送船団行政を改革するこ

Chapter Ⅷ　日本銀行の金融調節と金融政策

> とをその主な狙いとしたものである。
>
> 　　　　　　　　　（「証券アナリスト第1次試験」平成12年）

≪解答＆解答の解説≫

　答えはDです。というのは，日本銀行法の改正のねらいは「独立性の強化」と「透明性の確保」であるからです。

> 【知っておきましょう】　日本銀行政策委員会：日本銀行の最高意思決定機関
>
> 　「改正日本銀行法」（1997年6月公布，翌98年4月施行）では，日本銀行の「独立性の強化」と「透明性の確保」が図られています。長い間，金融政策の決定は，役員会（正副総裁および理事で構成）で行われ，政策委員会は，それを追認するにすぎませんでした。しかし，同法第5条においては，日本銀行の「自主性」が明記され，日本銀行の独立性の強化のために，政策委員会と役員会の二重構造が廃止され，政策委員会が，日本銀行の最高意思決定機関として位置づけられるようになりました。政策委員会メンバーは，日銀総裁，日銀副総裁2名，審議委員6名の合計9名で構成されています。また，審議委員は，業界代表（従来は大手銀行，地方銀行，商工業，農業の代表でした）ではなく，「経済又は金融に関して高い識見を有する者その他の学識経験のある者」になっています。政策委員会は，「通貨及び金融の調節」にかかわる①公定歩合，預金準備率等の決定または変更，②金融市場調節の方針等の決定または変更，③その他の通貨および金融の調節に関する方針の決定または変更，④経済および金融の情勢に関する基本的見解等の決定または変更，といった事項の議決を行っています。

【知っておきましょう】　金融政策の２段階アプローチ：金融政策の運営

　ボウリングにたとえれば，日本銀行は，貸出政策（公定歩合政策など），債券・手形の売買操作（公開市場操作），準備率操作という３つの玉（金融政策手段）で，インフレ率という１本のピン（最終目標）をねらっています。しかし，ピンがあまりにも遠い位置にあるので，ピンの近くに「マネーサプライ」という目印（中間目標），玉を投げる近くに「日銀当座預金」あるいは「コールレート」という目印（操作目標）を置いています（操作目標と中間目標は合わせて「運営目標」と呼ばれています）。ですから，３つの金融政策手段で，まず操作目標をねらい，それは中間目標につながり，最後に最終目標に命中する仕掛けになっています。日本銀行は，1988年11月以降は，操作目標として「コールレート」を用いていましたが，99年２月に「無担保コールレート・オーバーナイト物」の誘導水準をゼロ％に誘導し，これは「ゼロ金利政策」と呼ばれるようになりました。そして，日本銀行政策委員会は，2001年３月19日の金融政策決定会合において，金融市場調節方式を変更し，金融調節の主たる操作目標を，従来の「金利（無担保コールレート・オーバーナイト物）」から「資金量（日本銀行当座預金残高）」に変更し，それは「量的金融緩和政策」と呼ばれています。しかし，2006年３月に「量的金融緩和政策」，７月に「ゼロ金利政策」がそれぞれ解除され，金融調節の主たる操作目標はふたたび「金利（無担保コールレート・オーバーナイト物）」になっています。

Chapter IX

金融派生商品（デリバティブ）

I 先物市場と取引のしくみ：先物・先渡し取引

=== 問題9－1　わが国の株価指数先物取引 ===

わが国の株価指数先物取引に関する次の記述のうち，正しいものはどれですか。

A　日経平均株価先物取引では，限月最終日における未決済建玉については，最終清算指数（SQ）に基づいて清算価格の算出が行われる。

B　日経平均株価先物，TOPIX先物，日経300先物以外にも，業種別株価指数先物が取引されており，日経平均株価先物を大きく上回る出来高となっている。

C　日経平均株価先物は東京証券取引所で取引されている。

D　日経平均株価先物では，常時，行使価格の異なる先物が5種類以上取引されている。

（「証券アナリスト第1次試験」平成15年）

≪解答＆解答の解説≫

A：正しい

B：誤り

というのは，業種別株価指数先物は取引されているが，その出来高は日経平均株価先物の出来高を大きく下回っているからです。

Part1　金融機構論の標準問題

C：誤り

　というのは，日経平均株価先物は大阪証券取引所で取引されているからです。わが国で取引されている株価指数先物取引の対象は，東京証券取引所の東証株価指数（ＴＯＰＩＸ），大阪証券取引所の日経平均株価指数（日経225），日経株価指数300（日経300）の3種類です。

D：誤り

　というのは，正しくは「行使価格の異なる」ではなく「限月の異なる」であるからです。限月は，3・6・9・12月の4限月で，最長取引期間は，1年3カ月（5限月先まで）です。先物は，限月のちがいによって3月物とか6月物などと呼ばれています。

【知っておきましょう】　金融派生商品

「金融派生商品」は，原資産と取引種類（先渡し，先物，スワップ，オプションなど）の組み合わせによって，以下のように分類されます。

表9－1　金融派生商品の分類

原商品	先物	オプション	スワップ	先渡契約	複合
金利 （預金）	金利先物		金利スワップ	ＦＲＡ（金利先渡契約）	スワップション 金利先物オプション ギャップ，フロア，カラー
（債券）	債券先物	債券現物オプション			債券先物オプション
為替	通貨先物	通貨オプション	通貨スワップ		通貨先物オプション 通貨スワップション
株式	株価指数先物	株価指数オプション 個別株オプション			
複合			エクイティ・スワップ クレジット・スワップ など		

Chapter IX　金融派生商品（デリバティブ）

【知っておきましょう】　デリバティブ取引の目的

デリバティブ取引の目的には，次の３つがあります。
① リスク回避（リスク・ヘッジ）

　　資産・負債の状況は「ポジション」と呼ばれ，現在および将来のポジションが金利・為替レートなどの変動によって被る損失を防ぐことは「リスク・ヘッジ」と呼ばれています。伝統的金融商品（原資産）ではヘッジできなかったリスクが，デリバティブの活用によりヘッジ可能になったりします。また，伝統的金融商品が行っているリスク・ヘッジを，デリバティブの活用により有効かつ低コストで行うことができます。

② さや抜き（裁定）

　　伝統的金融商品と金融派生商品の市場間，および各金融派生商品の市場間には，時間差・空間（市場）差で相場の「ゆがみ」や「乖離」が生じることがあります。相場の僅かのずれを利用して「さや抜き」をねらうことは「裁定取引」（アービトラージ）と呼ばれています。さや抜き（裁定）は，リターンは小さく，リスクはあまり大きくありません。

③ 投　　　機

　　相場変動により影響を受けるポジションをあえて作り出すこと（リスク・テーキング）は「投機」（スペキュレーション）と呼ばれています。デリバティブ取引には，先物取引であれば証拠金，金利スワップ取引であれば金利，オプション取引であればオプション料といった，元本と比較すればごく僅かの元手で，元本と同規模の取引を行うことができるという「レバレッジ効果」があり，デリバティブの活用による投機はハイリスク・ハイリターンです。

【知っておきましょう】　先物・先渡し取引

先物・先渡し取引は，あらかじめ定められた将来時点において，あらかじめ定められた価格で，金融商品を受け渡す売買取引のことです。

(1) 先渡し（フォワード）取引

「先渡し（フォワード）取引」とは，①「将来時点で買います」といっておれば，受渡決済日になると，現物をすべて引き取り，購入代金を払わなければならない取引です。受渡決済日になると，現物の購入代金すべてを用意する必要があります。②1人の売手と1人の買手の間の相対（あいたい）取引であり，一般には，店頭取引です。取引内容（受渡決済日など）は2人の間の相談で自由に決定することができ，標準化されていません。③通常は証拠金の積立ては行われず，買手は取引相手の信用リスクを負担することになります。④「外国為替の先物予約」と言われていますが，それはドルの先渡し取引です（Forward Exchange は一般には為替先物と訳されています）。ですから，先渡し取引と先物取引を区別せずに，一括して先物取引と呼ぶことがあります。

(2) 先物取引

「先物」は，先渡しと類似した取引ですが，「先物（フューチャー）取引」とは，①受渡決済日までに，反対売買（買いに対しては転売，売りに対しては買い戻し）をいつでもできる取引です。決済は，購入代金と売却代金の差額の授受による差金決済が原則です。また，現引き・現渡しによる「受け渡し決済」も可能です。②多数の売手と多数の買手の間の市場取引です。市場（取引所）で大量かつ集中的に売買されるように，取引内容（受渡決済日など）は標準化されています。③先物取引には，取引が円滑に行われるように，清算機関が介在しています。清算機関は，決済時点での債務不履行リスク削減のため，売手・買手に証拠金の事前積立てを要求し，日々建玉（たてぎょく：未決済取引残高）の評価損益を計算し（それは「値洗い」と呼ばれています），評価損が一定額を上

Chapter Ⅸ　金融派生商品（デリバティブ）

回ったとき，証拠金の積み増し（追い証）を徴求します。

Ⅱ　スワップ市場と取引のしくみ：スワップ取引

───── 問題9－2　スワップ ─────

デリバティブに関する次の記述のうち，正しくないものはどれですか。
A　先物は先渡と類似しているが，その取引は不特定多数が参加する市場で取引されるように標準化されたしくみになっている。
B　スワップとは，将来における債権債務やキャッシュフローをあらかじめ定めた方法で交換する契約であり，市場の規制がなくなればその意義は失われる。
C　オプションとは，あらかじめ定めた条件で商品や金融資産などを売買する権利であり，先物とも類似しているが，義務ではなく選択権である点が異なる。

（「証券アナリスト第1次試験」平成11年）

≪解答＆解答の解説≫

答え はBです。というのは，スワップは市場取引ではなく，相対取引であるからです。

【知っておきましょう】　スワップ

「スワップ」とは「交換する」という意味で，金融取引の場合，将来のある時点において，属性（長期固定金利と短期変動金利，あるいは円建てとドル建てなど）の異なる債権・債務（元本）あるいは利息の受取り・支払いといったキャッシュ・フローを，あらかじめ定めた方法に基づき，契約当事者間で交換する取引のことです。「スワップ取引」は，いずれの取

引当事者も相手方に対し，約定された原資産を引き渡す義務を有するという双務契約であり，また，取引所取引のような定型化にはなじまないため，店頭市場でのみ取引されるという点で他の金融派生商品取引とは異なっています。

【知っておきましょう】 金利スワップと通貨スワップ

(1) 金利スワップ：金利変動への対応

「金利スワップ」は，異なる金利によるキャッシュ・フロー（利息の受取り・支払い）の交換取引です。通常は，同一通貨建ての長期固定金利キャッシュ・フローと短期変動金利キャッシュ・フローとが交換されますが，円－ドルの金利スワップなど異種通貨間の金利スワップも取引されています。キャッシュ・フローの交換は通常，利息の差額の受渡しによって行われます（というのは，同じ通貨で同じ金額の元本を交換しても意味がないからです）。

(2) 通貨スワップ：為替相場変動への対応

「通貨スワップ」とは，例えば円建て債務とドル建て債務といった異種通貨建て債権・債務あるいはキャッシュ・フローの交換取引です。取引開始時点で元本の交換が行われ，満期日にその逆の取引が実行されるほか，契約が終了するまでの間，金利キャッシュ・フローの交換が行われる取引です（下記の「知っておきましょう」では，外銀は邦銀から高いドル金利を受け取り，代わりに低い円金利を支払います。外銀は円の受取り，円の返済，円金利の支払いを行っていることになります）。元本・利息キャッシュ・フローの交換に際しては通常，契約時点で定められた為替相場が交換比率として契約期間中適用されます。通貨スワップは，中長期の為替リスクを回避するのに有効な手段です。

Chapter Ⅸ 金融派生商品(デリバティブ)

Ⅲ オプション市場と取引のしくみ:オプション取引

問題9－3 オプション取引

金融デリバティブ取引に関する次の記述のうち,正しくないものはどれですか。

A オプション取引とは,あらかじめ定められた期日あるいは期間内に,あらかじめ定められた条件で金融商品を売買する選択権の取引である。
B わが国の株価指数デリバティブ市場では,先物はTOPIX先物取引が,オプションは日経平均株価オプション取引が最大である。
C スワップ取引とは,将来のある時点における債権・債務あるいはキャッシュフローを,あらかじめ取り決めた方式により契約当事者間で交換する契約の取引である。
D わが国オプション取引のはじまりは,84年の店頭における通貨オプション取引であった。

(「証券アナリスト第1次試験」平成14年)

≪解答&解答の解説≫

答え はBです。というのは,正しくは「先物は日経平均先物取引」であるからです。

【知っておきましょう】 オプション取引

「オプション」とは,指定した証券や商品,例えばA社の株式を,ある決められた期間内ないし日に,あらかじめ定められた価格で売ったり買ったりする権利のことです。指定した証券や商品は「原資産」,オプションを行使できる,ある決められた期間は「権利行使期間」,権利行使期間の最終日は「満期日」,オプションを行使するときの,あらかじめ決められた価格は「権利行使価格」とそれぞれ呼ばれています。「オプション取引」

103

は，今「将来時点で買います」「将来時点で売ります」といっても，実際にその将来時点になったときに，買う買わない，売る売らないを選択できる取引です。買う権利は「コール」，売る権利は「プット」とそれぞれ呼ばれています。「買う権利」・「売る権利」の買手は，オプション料を支払って，「買う」・「売る」の権利をそれぞれもつことができます。「買う権利」・「売る権利」の売手は，オプション料を受け取って，「買う」・「売る」の義務をそれぞれ負います。売手は不利のように見えますが，実際は買手が権利を行使できる機会の方が少ないといわれています。満期日のみに権利を行使できるタイプのオプションは「ヨーロピアン」，満期日および満期日以前ならいつでも権利を行使できるタイプのオプションは「アメリカン」とそれぞれ呼ばれています。

Part 2

金融経済論の標準問題

Chapter X

景気：45度線分析

I　GDP

問題10-1　GDP

国内総生産（GDP）の定義に関する次の記述のうち，正しいものはどれですか。

① GDPを支出側から定義すると，国内民間消費，国内民間投資（在庫投資を含む），政府支出，財貨・サービスの輸出の合計と一致する。

② GDPを支出側から定義した場合の企業設備投資の概念は，実際の投資額から減価償却（資本減耗）を控除したものになる。

③ GDPは国内企業の原材料，製品の仕入高の合計と一致する。

④ 直接税は生産活動の結果に対する課税であるため，GDPの定義とは無関係である。

（「証券アナリスト第1次試験」平成12年度）

≪解答＆解答の解説≫

答えは④です。①は誤りです。というのは，GDPは，民間消費，民間投資，政府支出，財貨・サービスの輸出の合計から財貨・サービスの輸入を控除したものであるからです。②は誤りです。というのは，GDPにおける企業設備投資の概念には減価償却（資本減耗）が含まれているからです。③は誤りです。というのは，GDPはすべての財貨・サービスの産出額から中間投入を控

除した最終生産物の合計と一致し，中間投入である国内企業の原材料，製品の仕入高の合計とは一致しないからです。

【知っておきましょう】　国内総支出と国内総生産

　ＧＤＰは Gross Domestic Product の略です。日本人に財を供給しているのは，日本国内にいる供給者と国外の供給者です。日本国内にいる供給者が作った財は「国内総生産（ＧＤＰ）」，国外の供給者が作った財は「財貨・サービスの輸入」とそれぞれ呼ばれ，

　　財の供給＝国内総生産（ＧＤＰ）＋財貨・サービスの輸入

です。一方，財を需要しているのは，家計，法人企業，政府および外国です。日本国内で，家計・法人企業・政府によって買われた財，つまり（民間消費支出＋民間投資支出＋政府支出）は「内需」，外国によって買われた財は「財貨・サービスの輸出」とそれぞれ呼ばれ，

　　財の需要＝内需＋財貨・サービスの輸出

です。（財貨・サービスの輸出－財貨・サービスの輸入）は，「財貨・サービスの純輸出」もしくは「外需（ネット外需）」と呼ばれています。「財の供給≡財の需要」であるので，

　　財の供給＝国内総生産（ＧＤＰ）＋財貨・サービスの輸入

　　財の需要＝内需＋財貨・サービスの輸出

より，

　　国内総生産（ＧＤＰ）＝内需＋外需

を得ることができます。（内需＋外需）は，「国内総支出（ＧＤＥ）」と呼ばれています。つまり，国産品は，買う側から見たときは「国内総支出」，売る側から見たときは「国内総生産」とそれぞれ呼ばれています。同じ財を，買う側と売る側から見て，それぞれ異なった呼び方をしているだけなので，国内総支出（ＧＤＥ）と国内総生産（ＧＤＰ）は同じ大きさです。

Chapter X 景気：45度線分析

II 45度線モデル

―― 問題10－2　45度線モデル ――

次の45度線モデルを考えます。

　　$Y = C + I + G$　　（生産物市場の需給均衡式）
　　$C = 100 + 0.8 Y_d$　（消費関数）
　　$Y_d = Y - T$　　　（可処分所得の定義）
　　$T = 50$　　　　　　（定額税）
　　$I = 200$　　　　　 （一定の投資支出）
　　$G = 50$　　　　　　（一定の政府支出）
　　$Y_f = 1,700$　　　 （完全雇用ＧＤＰ）

以下の問いに答えなさい。

(1) ＧＤＰの均衡水準（Y^*）を求めなさい。

(2) 生産物市場が均衡している下での民間貯蓄（S^*）を求めなさい。

(3) この経済では，インフレ・ギャップが生じているのか，デフレ・ギャップが生じているのか答えなさい。また，その大きさを求め，図示しなさい。

(4) 投資乗数を求めなさい。

(5) 完全雇用を実現するための政府支出の変化を求めなさい。

≪解答＆解答の解説≫

(1) どのような問題であろうと，「45度線モデル」はまずは問題のモデルのように定式化することが理解を確実なものにします。すなわち，モデルを書くときは，「$Y = C + I + G$」とまず書いて，未知数がＹの１つだけであるから，Ｙ以外の記号が出てくれば，Ｙで説明できるまで展開することです。消費関数にはＹ$_d$があり，可処分所得にはＴがあるので，租税は一定であり，これで終了で，次に投資の説明へ続きます。

Y＝C＋I＋GにC，I，Gを代入します。

$Y = 100 + 0.8Y_d + 200 + 50$

$\quad = 100 + 0.8(Y - 50) + 200 + 50$

であるので，$Y^* = 1,550$（ 答え ：GDPの均衡水準）を得ることができます。

(2) 政府部門がないときの民間貯蓄は（Y－C）ですが，政府部門があるときの民間貯蓄は（Y－T－C）です。ここでは，政府部門があるので，

$S^* = Y^* - T - C^*(Y^*) = Y^* - 50 - \{100 + 0.8(Y^* - 50)\}$

$\quad = 0.2Y^* - 110 = 0.2 \times 1,550 - 110 = 200$ 答え

(3) デフレ・ギャップとインフレ・ギャップは完全雇用産出高（完全雇用に対応するGDP水準）で測ります。まず $\{C(Y_f) + I + G\}$ を求めます。

$C(Y_f) + I + G = 100 + 0.8(Y_f - 50) + 200 + 50$

$\quad = 100 + 0.8(1,700 - 50) + 200 + 50$

$\quad = 1,670$

$Y_f > \{C(Y_f) + I + G\}$ であるので，デフレ・ギャップが生じています。

図10－1　デフレ・ギャップ

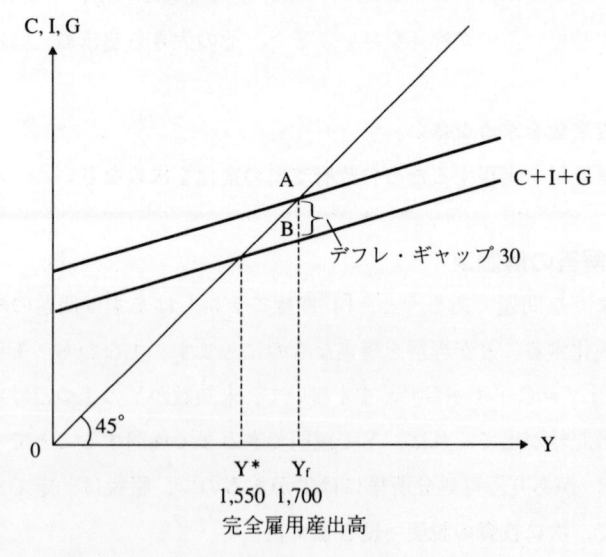

デフレ・ギャップの大きさは，

$Y_f - \{C(Y_f) + I + G\} = 1,700 - 1,670 = 30$ 答え

です。

(4) $I = 200$ の代わりに $I = I_0$ を用います。

$Y = 100 + 0.8Y_d + I_0 + 50$

$\quad = 100 + 0.8(Y - 50) + I_0 + 50$ （生産物市場の需給均衡式）

より，$(1 - 0.8)Y = 110 + I_0$ です。

$Y^* = \dfrac{110}{1 - 0.8} + \dfrac{I_0}{1 - 0.8}$ （Yの均衡水準）

より，

$\dfrac{\Delta Y^*}{\Delta I_0} = \dfrac{1}{1 - 0.8} = 5$ （答え：投資乗数）

が得られます。

(5) Y_f（完全雇用GDP）は，当該国民経済に存在する資源を完全に雇用した場合に達成されるであろう潜在的供給能力です。

問(4)と同様にして，$G = 50$ の代わりに $G = G_0$ を用います。

$Y = 100 + 0.8Y_d + 200 + G_0$

$\quad = 100 + 0.8(Y - 50) + 200 + G_0$ （生産物市場の需給均衡式）

より，$(1 - 0.8)Y = 260 + G_0$ です。

$Y^* = \dfrac{260}{1 - 0.8} + \dfrac{G_0}{1 - 0.8}$ （Yの均衡水準）

より，

$\dfrac{\Delta Y^*}{\Delta G_0} = \dfrac{1}{1 - 0.8} = 5$ （政府支出乗数）

が得られます。したがって，$Y_f - Y^* = 1,700 - 1,550 = 150$ であるので，$\Delta Y^* = 150$ であり，かくて，$\Delta G_0 = 30$ 答え を得ることができます。

【知っておきましょう】 セイの法則と有効需要の原理

「セイの法則（販路法則）」のセイとは，フランス人 J. B. Say（1767－1832）のことです。セイの法則は，正統派経済理論（J. M. ケインズのいう古典派経済学）の中心命題であり，「供給がそれ自身の需要を生み出す」という考えです。それは，供給サイドを問題にし，生産物の供給の増加は，

とりもなおさず需要の増加であり、生産物の需給に不一致は存在しないという命題です。一方、J. M. ケインズ（1883-1946）の「有効需要の原理」は、需要サイドを問題にし、国産品がどれだけ売れるのかは、お客さんがどれだけ買いに来てくれるのかによって決まる、つまり「需要がそれ自身の供給を生み出す」という考えです。「有効需要の原理」では、景気（GDP）を決定するのは「有効需要」です。ですから、新聞記事で好況・不況が話題になるときは、国内総支出（GDE）を構成する各需要項目（民間消費支出、民間投資支出、政府支出、財貨・サービスの輸出、財貨・サービスの輸入）や、それらを整理した「民間需要」「公的需要」「海外需要」が問題にされるのです。ここで、民間需要＝民間消費支出＋民間投資支出、公的需要＝政府支出、海外需要＝財貨・サービスの輸出－財貨・サービスの輸入です。

【知っておきましょう】 45度線モデル

横軸に供給（$Y^S \equiv Y$）、縦軸に需要（$Y^D \equiv C + I + G$）をとった図で、「45度線」を描くと、それは「需要がそれ自身の供給を生み出す」という「有効需要の原理」を表しています。GDPの均衡水準は必ず45度線上（$Y^S = Y^D$）で決まるので、図中ではY^S、Y^Dを区別することなく、たんにYで表すことにします。C＋I＋G線は、財貨・サービスの供給（$Y^S \equiv Y$）の各々の水準に対応する事前的需要計画（購入計画）を表し、C＋I＋G線と45度線との交点において、財貨・サービスの需給が均衡します。

Chapter X　景気：45度線分析

III　ＧＤＰと個人消費

問題10−3　ライフ・サイクル仮説

現在25歳の個人は50歳で退職し，75歳で死亡するものとします。この個人は現在時点に資産残高1,000万円を保有し，退職までの25年間，毎年200万円の勤労所得を得るものとします。この個人がライフ・サイクル仮説にしたがって消費を行うものとします。以下の問いに答えなさい。

(1) 消費関数を定式化しなさい。
(2) 限界消費性向を求めなさい。
(3) 平均消費性向を求めなさい。

≪解答＆解答の解説≫

(1) （現在時点Ｔ：Ｗの資産残高）－（退職時点Ｎ）－（死亡時点Ｌ）
　　　　　　　　　　　　↑　　　　　　　　↑
　　　　　　　　　　所得・消費　　　　　　消費

であり，Ｃ＝消費，Ｙ＝勤労所得（200万円），Ｗ＝資産残高（1,000万円）とすれば，その個人の予算制約式は，$(L-T)C = W + (N-T)Y$であるので，

$$(75-25)C = 1,000 + (50-25)Y$$

です。

$$C = \frac{1}{75-25} \times 1,000 + \frac{50-25}{75-25}Y$$

であるので，

　　$C = 20 + 0.5Y$　（**答え**：消費関数）

(2) 限界消費性向は$\dfrac{dC}{dY}$であるので，

　　$\dfrac{dC}{dY} = 0.5$　**答え**

(3) $Y = 200$であり，平均消費性向は$\dfrac{C}{Y}$であるので，

　　$\dfrac{C}{Y} = \dfrac{20 + 0.5Y}{Y}$

$$= \frac{20}{200} + 0.5 = 0.6 \quad \text{答え}$$

―――― 問題10−4　消費関数 ――――

　個人の消費と貯蓄に関する次の記述のうち，正しくないものはどれですか。
① 個人消費には慣性効果が働くので，不況期には貯蓄率は低下する。
② 年金制度が充実すると個人貯蓄率が低下するという主張は，流動性制約仮説に基づく。
③ 恒常所得仮説の下では，一時的な減税政策は永久的な減税政策よりも個人消費刺激効果は小さい。
④ ライフサイクル仮説の下では，高齢化社会になると経済全体の貯蓄率は低下すると予想される。

（「証券アナリスト第1次試験」平成12年度）

≪解答＆解答の解説≫

　答え は②です。流動性制約とは，若年期において，所得以上の消費を行おうとする場合，銀行借入等を行う必要があっても，信用等の問題があり，銀行借入が困難になり消費が所得により制約されることです。ですから，年金制度の充実による個人貯蓄率の低下と，流動性制約仮説とは関係がありません。

Chapter XI

金利：IS－LM分析

I 金利

問題11－1　イールドカーブ

イールドカーブの形状に関する次の記述のうち，正しくないものはどれですか。

① 期待理論では将来の短期金利が上昇（低下）すると期待されるとき右上がり（右下がり）となる。
② 期待理論では当面上昇（下落）してその後に低下（上昇）するような単調でない形状を説明できない。
③ 流動性選好仮説では流動性プレミアムは期間が長くなるほど大きくなるので，右上がりの形状となる。
④ 期間に関して投資家間で選好が分かれていて市場が分断されている場合には，各市場の需給によっていろいろな形状が存在する。

（「証券アナリスト第1次試験」平成12年度）

≪解答＆解答の解説≫

答えは②です。当面，短期金利は上昇（下落）するが，その後，低下（上昇）すると予想されるときには，上方（下方）にハンプのあるイールドカーブが生じます。

【知っておきましょう】 利子率の決定理論

利子率の決定理論には，次の3つの理論があります。

(1) 貯蓄・投資説：A.マーシャル，I.フィッシャー，M.E.L.ワルラス

　　$S = I$　（貯蓄＝投資）

　　$S = S(r)$　$S'(r) > 0$　（貯蓄は利子率の増加関数です）

　　$I = I(r)$　$I'(r) < 0$　（投資は利子率の減少関数です）

であり，

　　$S(r) = I(r)$　　　　　　（貯蓄＝投資）

によって，利子率が決定されます。つまり，利子率は，実物要因によって決定されます。

(2) 貸付資金説：B.G.オリーン，D.H.ロバートソン

貸付資金の需要は，粗投資資金需要（I），消費資金需要（負の貯蓄：S_3），貨幣保有動機（取引，予備的，投機的動機）による追加貨幣残高需要（H_1）および金融動機（次期以降の支出資金の準備）による追加貨幣残高需要（H_2）から構成されています。貸付資金の供給は，経常所得からの純貯蓄（S_1），固定資本減耗（S_2），保有貨幣残高の放出（負の保蔵）（H_3）および信用創造による追加貨幣残高（ΔM）から構成されています。そして，

　　$I(r) + H(r) = S(r) + \Delta M$　（貸付資金市場の需給均衡）

によって，利子率が決定されます。ここで，$S = S_1 + S_2 - S_3 =$ 粗貯蓄，$H = H_1 + H_2 - H_3 =$ 純保蔵です。つまり，利子率は，支払請求権（証券）の供給と需要の均衡によって決定されます。

(3) 流動性選好説：J.M.ケインズ

ケインズにおいては，利子は貯蓄に対する報酬ではなく，流動性（貨幣）を手放すことに対する報酬です。利子率は，

　　$M^S - L_1(Y) = L_2(r)$　　　（貨幣市場の需給均衡）

によって決定されます。つまり，利子率は，貨幣の需要と供給の関係によって決定されます。

【知っておきましょう】 金利の期間別構造：短期金利と長期金利

満期に到達するまでの期限の長短にしたがって金利を序列づけたものは，「金利の期間別構造」と呼ばれています。そして，長短金利の関係を図示したものは「イールド・カーブ（利回り曲線）」と呼ばれています。2つの国債（満期の短い国債と満期の長い国債）の金利，つまり短期金利と長期金利の2つの金利を取り上げます。例えば，満期が1年の国債と満期が2年の国債，つまり1年満期の短期金利（r_s）と2年満期の長期金利（r_L）の2つの金利を取り上げます。2つの金利 r_s，r_L との間にはどのような関係があるのでしょうか。長短金利の関係については，次の3つの「金利の期間別構造理論」があります。

(1) 純粋期待仮説

「純粋期待仮説」では，投資家はリターンのみに関心をもつものと仮定されています。つまり，投資家の計画期間は2年間で，満期の短い国債と満期の長い国債との間の選択は，2年間の元利合計（リターン）のみに依存するものと仮定されています。1投資単位を，1年満期の国債で2年間運用したときの元利合計は，

$$(1+r_s) \times (1+r_s^*) = 1 + r_s + r_s^* + r_s r_s^* \fallingdotseq 1 + r_s + r_s^*$$

です。ここで，r_s＝計画時点での第1年目の金利，r_s^*＝計画時点での第2年目の予想金利です。一方，1投資単位を，2年満期の国債で2年間運用したときの元利合計は，

$$(1+r_L) \times (1+r_L) = (1+r_L)^2 = 1 + 2r_L + r_L^2 \fallingdotseq 1 + 2r_L$$

です。ここで，r_L＝計画時点での，2年間の年率の金利です。投資家は，両元利合計を比べて，満期の短い国債と満期の長い国債との間の選択を行います。満期の短い国債で運用する方が有利であれば，投資家は

長期債で調達し，短期債で運用します。それは短期金利を下げ，長期金利を上げます。逆に，満期の長い国債で運用する方が有利であれば，投資家は短期債で調達し，長期債で運用します。それは短期金利を上げ，長期金利を下げます。結果として生じる金利裁定均衡では，満期の短い国債と満期の長い国債との間の選択は無差別，つまりどちらで運用しても元利合計は同じになり，

$$(1+r_s) \times (1+r_s^*) = (1+r_L) \times (1+r_L)$$

つまり，

$$1+r_s+r_s^* = 1+2r_L$$

が成立します。かくて，長短金利の関係として，

$$r_L = \frac{r_s+r_s^*}{2}$$

が成立します。つまり，長期金利は，現在の短期金利と将来の予想短期金利の平均値です。2年間だけを考え，2年ものを長期金利，1年ものを短期金利と呼べば，

$$長期金利 = \frac{現在の短期金利 + 将来の短期金利}{2}$$

です。例示すれば，

長期金利	現在の短期金利	将来の短期金利	
6％	5％	7％	$6\% = \frac{5\%+7\%}{2}$
5％	5％	5％	$5\% = \frac{5\%+5\%}{2}$
4％	5％	3％	$4\% = \frac{5\%+3\%}{2}$

です。

かくて，イールド・カーブの形状（長期金利と現在の短期金利の関係）は将来の短期金利に依存しています。つまり，横軸に満期までの残存期間，縦軸に金利をとると，

将来の短期利子率　イールド・カーブ

　　上昇（5→7％）　右上がり　（現在の短期金利＝5，長期金利＝6％）

不変（5→5％）水平　　（現在の短期金利＝5，長期金利＝5％）
   下落（5→3％）右下がり（現在の短期金利＝5，長期金利＝4％）
です。長期金利と短期金利との間に乖離を生じさせるのは，将来の短期金利の推移です。
(2) 流動性プレミアム仮説
　「純粋期待仮説」では，投資家はリターンのみに関心をもつものと仮定されていました。しかし，投資家の計画期間が1年であれば，満期が1年の国債は安全な資産ですが，満期が2年の国債は1年目の期末時点の価格に不確実性を伴いますので危険資産です。あるいは，投資家の計画期間が2年であったとしても，満期が1年の国債の第2年目の金利には不確実性を伴うので危険資産です。安全資産と危険資産との間の選択ということになれば，投資家は，リターンのみならず，リスクにも関心をもたざるを得ません。つまり，「流動性プレミアム仮説」下，投資家がリスクに関心を払えば，将来の予想短期金利（r_s）＝現在の短期金利（r_s^*）であったとしても，「純粋期待仮説」の考える「長期金利＝短期金利」にはならず，

　　長期金利＝短期金利＋「リスク・プレミアム」

が成立せざるを得ません。あるいは，長期金利には，資金を長期間拘束するプレミアムが要求されます。貸手は短期の運用，借手は長期の調達を選好するという，運用・調達の選好期間のミスマッチがあります。ですから，長期間での調達を行おうとする借手はより高い金利を支払い，長期間での運用を行おうとする貸手はより高い金利を受け取ります。この金利のより高い分が「流動性プレミアム」です。つまり，

　　長期金利＝短期金利＋「流動性プレミアム」

が成立します。かくて，長期金利と短期金利との間に乖離を生じさせるのは，将来の短期金利の推移のみならず，リスク・プレミアムないし流動性プレミアムです。

(3) 市場分断仮説

「純粋期待仮説」でも，「流動性プレミアム仮説」でも，金利裁定取引が考えられました。しかし，満期の短い国債と満期の長い国債との間でまったく裁定取引が行われなければどうなるのでしょうか。このとき，満期の短い国債と満期の長い国債との間での代替はまったく行われず，長期金利，短期金利は互いに無関係に決定されます。短期金利と長期金利の決定が，それぞれの満期の国債に対する需給関係で行われるという仮説は，「市場分断仮説」と呼ばれています。

II IS-LMモデル

問題11-2 IS-LM分析

次のIS-LMモデルを考えます。

$Y = C + I + G$ （生産物市場の需給均衡式）
$C = 50 + 0.8 Y_d$ （消費関数）
$Y_d = Y - T$ （可処分所得の定義）
$T = 100$ （一括固定税）
$I = 730 - 50r$ （投資関数）
$G = 100$ （一定の政府支出）
$M^S = M^D$ （貨幣市場の需給均衡式）
$M^S = M^S_0$ （一定の貨幣供給）
$M^D = L_1(Y) + L_2(r)$ （貨幣需要関数）
$L_1 = 0.2Y$ （取引動機・予備的動機にもとづく貨幣需要）
$L_2 = 800 - 50r$ （投機的動機にもとづく貨幣需要）

以下の問いに答えなさい。

(1) 生産物市場の需給均衡式を「貯蓄＝投資」の形に書き換えなさい。
(2) 消費関数の50，0.8はそれぞれ何と呼ばれていますか。
(3) ＩＳ方程式をＹ＝…の形で求めなさい。
(4) 縦軸にr，横軸にＹをとって，ＩＳ曲線を図示しなさい。縦軸切片，横軸切片を書き入れなさい。
(5) 投資の金利感応性の大きさとＩＳ曲線の傾きの関係を説明しなさい。
(6) ＩＳ曲線のシフト要因を挙げなさい。
(7) L_1関数の0.2，L_2関数の－50はそれぞれ何と呼ばれていますか。
(8) ＬＭ方程式をｒ＝…の形で求めなさい。
(9) 縦軸にr，横軸にＹをとって，ＬＭ曲線を図示しなさい。縦軸切片，横軸切片を書き入れなさい。
(10) 投機的貨幣需要の金利感応性の大きさとＬＭ曲線の傾きを説明しなさい。
(11) ＬＭ曲線のシフト要因を挙げなさい。
(12) M^S_0＝800とします。ＧＤＰ，金利の均衡水準を求めなさい。
(13) 中央銀行の金融緩和政策により，貨幣供給量（M^S_0）が1,200に増加したときのＧＤＰ，金利の均衡水準を求めなさい。

≪解答＆解答の解説≫

(1) 政府部門がないときの民間貯蓄は（Ｙ－Ｃ）ですが，政府部門があるときの民間貯蓄は（Ｙ－Ｔ－Ｃ）です。

　　Ｙ＝Ｃ＋Ｉ＋Ｇ　　　　　（生産物市場の需給均衡式）
　　Y_d＝Ｙ－Ｔ　　　　　　（可処分所得の定義）

より，

　　Ｓ≡Y_d－Ｃ≡Ｙ－Ｔ－Ｃ　（貯蓄の定義）

です。

　　Ｃ＋Ｉ＋Ｇ＝Ｃ＋Ｉ＋（G_C＋G_I）＝Ｓ＋Ｔ＋Ｃであり，

Part 2　金融経済論の標準問題

$$S+(T-G_C)=I+G_I \quad \boxed{答え}$$

が得られます。ここで、$G_C=$政府の消費、$G_I=$政府の投資です。Sは民間貯蓄、$(T-G_C)$は政府の貯蓄、Iは民間投資、G_Iは政府の投資です。

(2)　50は（可処分所得からの）限界消費性向、0.8は投資の金利感応性とそれぞれ呼ばれています。$\boxed{答え}$。

(3)　IS方程式は、生産物市場の需給均衡を満たすGDPと金利の組み合わせを示しています。問題の上6本の式を1本にまとめたものがIS方程式です。

$$\begin{aligned}
Y &= C+I+G \\
&= (50+0.8Y_d)+(730-50r)+100 \\
&= \{50+0.8(Y-T)\}+(730-50r)+100 \\
&= \{50+0.8(Y-100)\}+(730-50r)+100
\end{aligned}$$

（生産物市場の需給均衡式）

より、

$$Y=\frac{1}{1-0.8}(800-50r)=4{,}000-250r \quad \boxed{答え}$$

(4)　IS曲線は生産物市場の需給均衡を満たすGDPと金利の組み合わせの軌跡です。

図11-1　IS曲線

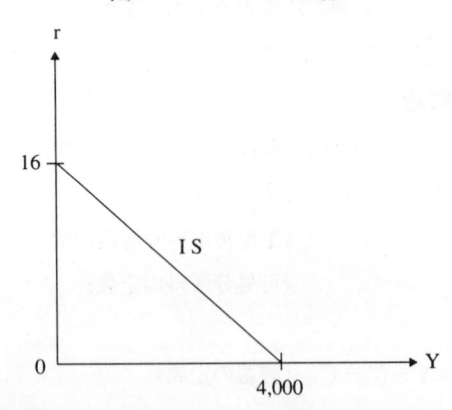

(5)　投資の金利感応性（v）の上昇は、IS曲線の傾きの絶対値を低下させます（緩やかにします）。vが小さいときは、金利の低下はあまりYを増加さ

Chapter XI　金利：ＩＳ－ＬＭ分析

せませんので，ＩＳ曲線の傾きは急です。vが大きいときは，金利の低下はYを大きく増加させるので，ＩＳ曲線の傾きは緩やかです 答え 。

【知っておきましょう】　投資の金利感応性とＩＳ曲線の傾き

「r－（v＝投資の金利感応性）→I－（乗数）→Y」を理解しましょう。利子率の低下が，いくらYを増加させるのかは投資の金利感応性（v）に依存していることを理解しましょう。

図11－2　投資の金利感応性とＩＳ曲線の傾き

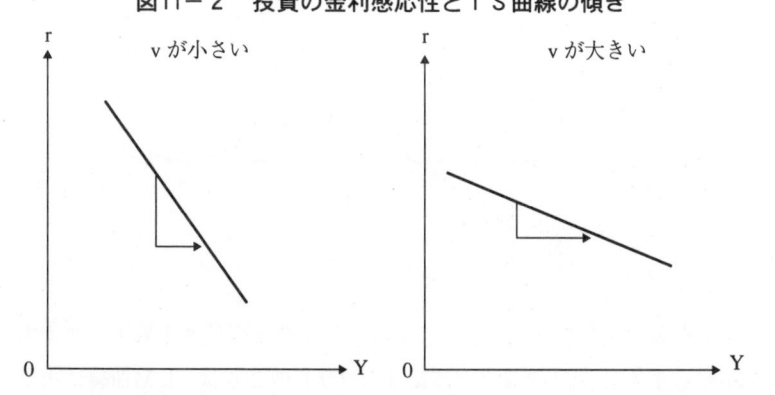

vが小さい　　　　　　vが大きい

---

(6)　景気を刺激しそうな実物的シフト要因はＩＳ曲線を右上方へシフトさせます。基礎消費（50），独立投資（730），政府支出（100）の上昇はＩＳ曲線を右上方へシフトさせます。逆に，税（100）の増大はＩＳ曲線を左下方へシフトさせます 答え 。

(7)　L_1関数の0.2はマーシャルのｋ，L_2関数の－50は投機的貨幣需要の金利感応性とそれぞれ呼ばれています 答え 。

(8)　ＬＭ方程式は，貨幣市場の需給均衡を満たすＧＤＰと金利の組み合わせを示しています。問題の下５本の式を１本にまとめたものがＬＭ方程式です。

$M^s{}_0 = 0.2Y + 800 - 50r$　（貨幣市場の需給均衡式）

より，

$r = \dfrac{1}{250}Y + 16 - \dfrac{M^s{}_0}{250}$　 答え

Part 2　金融経済論の標準問題

(9)　LM曲線は貨幣市場の需給均衡を満たすGDPと金利の組み合わせの軌跡です。

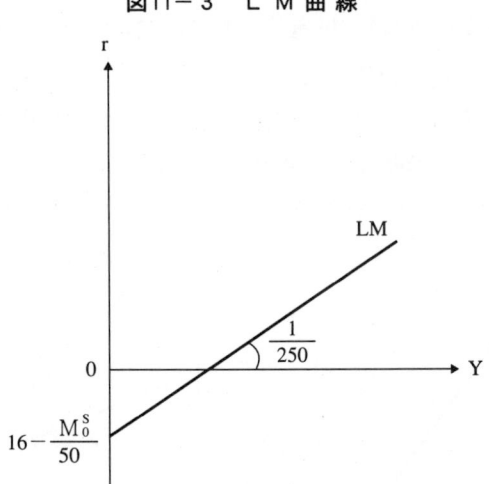

図11－3　LM曲線

(グラフ：縦軸 r、横軸 Y、原点を通らない右上がりの直線LM、傾き $\frac{1}{250}$、縦軸切片 $16-\frac{M^s_0}{50}$)

(10)　貨幣需要の金利感応性（u）の上昇はLM曲線の傾きを低下させます（緩やかにします）。uが無限大（流動性のワナ）のときは，LM曲線は水平です。uがゼロ（古典派経済学のケース）のときは，LM曲線は垂直です。

【知っておきましょう】　貨幣需要の金利感応性
「流動性のワナ」は，貨幣需要の金利感応性が無限大であるケースです。このときはLM曲線は水平であるので，貨幣需要の金利感応性が小さくなることはそれとは逆ですので，LM曲線の傾斜は急になります。

(11)　景気を刺激しそうな貨幣的シフト要因はLM曲線を右下方へシフトさせます。貨幣供給量（M^s）の増大はLM曲線を右下方へシフトさせます。

(12)　$M^s_0=800$のとき，IS方程式，LM方程式はそれぞれ，

$Y=4,000-250r$　（IS方程式）

$r=\frac{1}{250}Y+16-\frac{M^s_0}{250}=\frac{1}{250}Y+16-\frac{800}{50}$

$= \dfrac{1}{250} Y$ （LM方程式）

になります。IS方程式とLM方程式の2本の方程式より，

　　r＊＝8　　（**答え**：金利の均衡水準）

　　Y＊＝2,000　（**答え**：GDPの均衡水準）

を得ることができます。

⑬　M^S_0＝800のとき，問⑫と同様にして，

　　r＊＝4　　（**答え**：金利の均衡水準）

　　Y＊＝3,000　（**答え**：GDPの均衡水準）

を得ることができます。貨幣供給量の増大により，金利は下落し，GDPは増大します。

問題11－3　IS－LMモデルと金融・財政政策

均衡における国民所得と利子率に関する記述のうち，正しいものはどれですか。

① 政府支出を増加させると，均衡国民所得は増加し，均衡利子率は下落する。

② 貨幣供給量を増加させると，均衡国民所得は増加し，均衡利子率は下落する。

③ 政府支出を増加させると，均衡貨幣量は増加し，均衡利子率は下落する。

④ 貨幣供給量を増加させると，均衡政府支出は増加し，均衡利子率は上昇する。

（「証券アナリスト第1次試験」平成12年度）

≪解答＆解答の解説≫

政府支出を増加させると，IS曲線は右へシフトし，均衡国民所得は増加し，均衡利子率は上昇します。貨幣供給量を増加させると，LM曲線は右へシフトし，均衡国民所得は増加し，均衡利子率は下落します。**答え**は②です。

Part 2　金融経済論の標準問題

> **問題11－4　IS曲線・LM曲線の特殊ケースと金融・財政政策**
>
> 次の3つの特殊ケースのIS曲線・LM曲線を図示し，金融・財政政策の有効性を説明しなさい。
> (1)　投資の金利感応性がゼロ（$v=0$）であるケース
> (2)　貨幣需要の金利感応性がゼロ（$u=0$）であるケース
> (3)　「流動性のワナ」（$u=\infty$）のケース

≪解答＆解答の解説≫

本文のIS－LMモデルより，

$$Y = \frac{C_0 + I_0 + G_0 - cT_0}{1-c} - \frac{v}{1-c}r \quad （IS方程式）$$

あるいは，

$$r = \frac{C_0 + I_0 + G_0 - cT_0}{v} - \frac{1-c}{v}Y \quad （IS方程式）$$

$$r = \frac{M^D_0 - M^S_0}{u} + \frac{k}{u}Y \quad （LM方程式）$$

を得ることができます。

(1)　$v=0$ のとき，IS曲線は $Y = \dfrac{C_0 + I_0 + G_0 - cT_0}{1-c}$ で垂直になります。

IS方程式より，

$$Y^* = \frac{C_0 + I_0 + G_0 - cT_0}{1-c} \quad （GDPの均衡水準）$$

であり，これは45度線分析と同じことを意味しています。IS曲線は垂直であり，Y^*をLM方程式に代入すると，

$$r^* = \frac{M^D_0 - M^S_0}{u} + \frac{k}{u}Y^* \quad （金利の均衡水準）$$

を得ることができます。GDPは実物領域で，金利は金融領域で決定されています。

$$\frac{\Delta Y^*}{\Delta G_0} = \frac{1}{1-c} > 0 \quad \text{【答え】：財政政策乗数}$$

$$\frac{\Delta Y^*}{\Delta M^S_0} = 0 \quad (\text{答え}:金融政策は無効)$$

図11-4 投資の金利感応性がゼロであるケースの金融財政政策の有効性

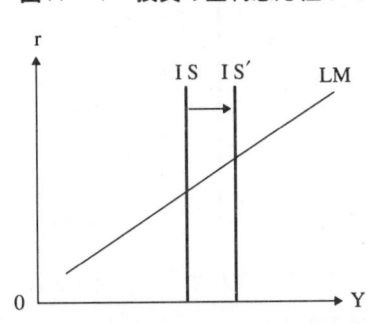

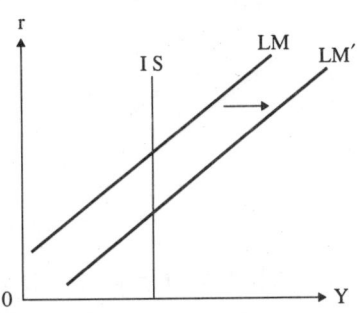

(2) LM方程式の両辺にuをかけます。

$u\,r = (M^D_0 - M^S_0) + k\,Y$ （LM方程式）

$u = 0$ とおきます。

$0 = (M^D_0 - M^S_0) + k\,Y$

であるので，LM曲線は $Y = \dfrac{M^S_0 - M^D_0}{k}$ で垂直です。LM方程式より，

$Y^* = \dfrac{M^S_0 - M^D_0}{k}$ （GDPの均衡水準）

であり，LM曲線は垂直です。Y^* をIS方程式に代入すると，

$$r^* = \frac{C_0 + I_0 + G_0 - c\,T_0}{v} - \frac{(M^S_0 - M^D_0)(1-c)}{k\,v} \quad (金利の均衡水準)$$

を得ることができます。GDPは金融領域で，金利は実物領域で決定されています。

$\dfrac{\Delta Y^*}{\Delta G_0} = 0$ （答え：財政政策は無効）

$\dfrac{\Delta Y^*}{\Delta M^S_0} = \dfrac{1}{k}$ （答え：金融政策乗数）

Part 2　金融経済論の標準問題

図11−5　貨幣需要の金利感応性がゼロであるケースの金融財政政策の有効性

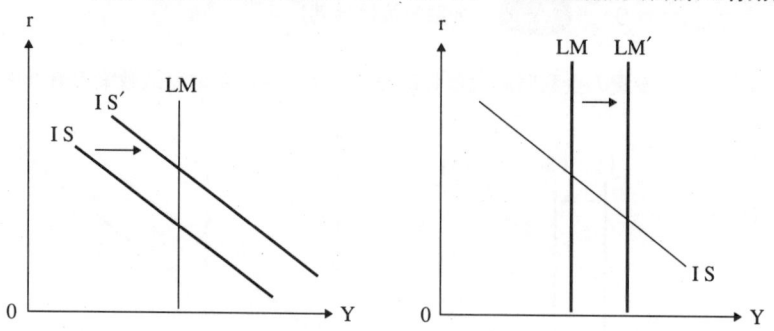

(3) LM方程式は，$r = r_0$（一定）によって置き換えられます。LM曲線は$r = r_0$で水平であり，r_0をIS方程式に代入すると，

$$Y^* = \frac{C_0 + I_0 + G_0 - cT_0}{1-c} - \frac{v}{1-c} r_0 \quad \text{（GDPの均衡水準）}$$

であり，これは45度線分析と同じことを意味しています。GDPは実物領域で，金利は金融領域で決定されています。

$\dfrac{\Delta Y^*}{\Delta G_0} = \dfrac{1}{1-c}$　（**答え**：財政政策乗数）

$\dfrac{\Delta Y^*}{\Delta M^S_0} = 0$　（**答え**：金融政策は無効）

図11−6　「流動性のワナ」のケースの金融財政政策の有効性

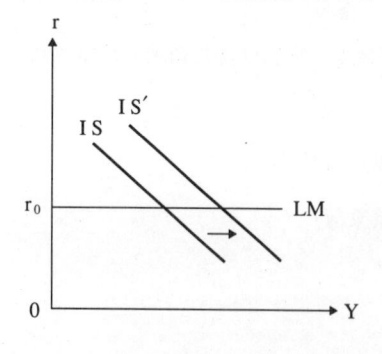

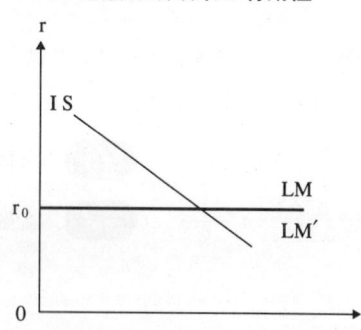

Chapter XI　金利：IS－LM分析

【知っておきましょう】 45度線分析からIS－LM分析へ

「45度線分析」では，生産物市場において，貯蓄と投資とが均等するように，GDPの均衡水準が決定されることを見ました。

生産物市場→45度線分析－(金利の内生化)→IS
　　　　　　　　　　　　　　　　　　　　＼
　　　　　　　　　　　　　　　　　　　　　IS－LM分析
　　　　　　　　　　　　　　　　　　　　／
　　　　　　　貨幣市場→LM

　景気（GDP：Y）だけに関心をもてば，45度線分析で，ある程度は対応可能です。しかし，景気のみならず金利にも関心をもちはじめると，もはや45度線分析では対応できず，IS－LM分析の登場ということになります。IS－LM分析の特徴は，投資を金利の減少関数とし，金利を決定するために貨幣市場を導入している点です。金利が与えられれば，投資が決まり，その投資から，乗数過程をとおして，GDPが決定されることになります。

【知っておきましょう】 古典派理論のマクロ面

　「IS－LMモデル」では，IS方程式，LM方程式の2本の方程式からGDP，金利の均衡水準を求めることができました。しかし，古典派理論の核となる議論は，IS方程式で利子率，LM方程式で名目GDP（一般物価水準）がそれぞれ決定されるというものです。前者は「利子率決定の貯蓄・投資説」，後者は「貨幣数量説」とそれぞれ呼ばれています。古典派理論は，一方で実物的変数（商品の取引量・生産量・相対価格・利子率）は経済の実物領域のみによって決定され，他方で貨幣的変数（一般物価水準）は貨幣量によって決定されると考えており，このような実物領域と貨幣領域の役割分離は「古典派の二分法」と呼ばれています。

【知っておきましょう】 貨幣数量説

貨幣数量説は，「数量方程式」として定式化され，その定式化には，次の2種類があります。

① フィッシャー数量方程式（交換方程式）

M＝貨幣供給量，V＝貨幣の取引流通速度，V'＝貨幣の所得流通速度，P＝一般物価水準（ケインズ『貨幣論』の「現金取引標準」），T＝一定期間に行われるすべての取引（最終財，中間財，既存資産などの取引）の量（I.フィッシャーの取引量），y_f＝一定期間の完全雇用実質GDPとすれば，

$MV = PT$　　（貨幣のフロー量＝名目取引額）

$MV' = Py_f$　　（貨幣のフロー量＝名目所得額）

は，それぞれ「取引型フィッシャー数量方程式」，「所得型フィッシャー数量方程式」と呼ばれています。

フィッシャー数量方程式は，V，V'，T，y_fを一定とみなし（産業構造が不変にとどまる限り，PTはPy_fとかなり安定した関係にあります），貨幣供給量と一般物価水準の間に比例的因果関係（$M \to P$）があると主張しています。

② ケンブリッジ数量方程式

M＝貨幣供給量，k＝マーシャルのk，P＝一般物価水準（ケインズ『貨幣論』の「現金残高標準」），y_f＝完全雇用実質GDPとすれば，

$M = kPy_f$　　（貨幣ストックの名目供給量＝貨幣ストックの名目需要量）

は，「ケンブリッジ数量方程式（現金残高型数量方程式）」と呼ばれています。ケンブリッジ数量方程式は，k，y_fを一定とみなし，貨幣供給量と一般物価水準の間に比例的因果関係（$M \to P$）があると主張しています。

Chapter XI 金利：IS－LM分析

$k = \dfrac{1}{V}$ として，代数的には，フィッシャー方程式はケンブリッジ方程式に変換できますが，両方程式の思考過程はまったく異なっています。つまり，フィッシャー数量方程式は，与えられた期間を通じて使用される貨幣のフローの視点からの数量方程式であり，ケンブリッジ数量方程式は，与えられた時点に存在している貨幣のストックの視点からの数量方程式です。

III 金利と民間投資

問題11－5　資本の限界効率（投資の限界効率）

資本の限界効率表に関する記述のうち，最も適切なものはどれですか。
① 資本の限界効率表は縦軸に利子率，横軸に投資量をとると右下がりの形状になる。
② 資本の限界効率表は長期的視点で作成されるので安定している。
③ 資本の限界効率表は，悲観的な見通しをもった企業家が増加すると上方にシフトする。

（「証券アナリスト第1次試験」平成10年度）

≪解答＆解答の解説≫

　この中では①が正しい。ただし，資本の限界効率表は，縦軸に資本の限界効率，横軸に投資量をとったものであり，縦軸に利子率，横軸に投資量をとったものは「投資需要表」として区別されなければなりません。資本の限界効率（投資の限界効率）は，供給価格（限界取替費用：P^s），第 j 期の予想収益（R_j）に依存していますが，投資プロジェクトの予想収益（R_j）は不安定であり，したがって資本の限界効率表も不安定です（②は誤り）。悲観的な見通しをもった企業家が増加すると，資本の限界効率表は左下方にシフトします

(③は誤り)。

問題11－6　トービンのq

トービンのqに関する記述のうち，最も適切なものはどれですか。
① トービンのqは，企業価値と現存の企業資本ストックを現在の市場価格で買い替えたときの費用との間の比率である。
② トービンのqが1よりも小さいということは，現在の資本ストックは不足していることを意味する。
③ 投資はトービンのqの減少関数である。

（「証券アナリスト第1次試験」平成10年度）

≪解答＆解答の解説≫

資本の需要価格＝企業の市場価値＝発行株式の市場評価額＋債務額，資本の供給価格＝企業の再生産費用とすれば，「資本の需要価格÷資本の供給価格」つまり，「企業価値÷現存の企業資本ストックを現在の市場価格で買い替えたときの費用」が「トービンのq」です（①は正しい）。トービンのqが1よりも大きいとき，設備投資が行われます。再生産費用（現在の建設費用）で工場を建て，できあがった工場をより高い市場価値で売却できれば，設備投資が行われます。逆に，トービンのqが1よりも小さいということは，「企業価値＜現存の企業資本ストックを現在の市場価格で買い替えたときの費用」を意味し，それはこの企業が現存の資本ストックを効率的に利用していないこと，逆にいえば現在の資本ストックが過大であることを意味しています（②は誤り）。投資はトービンのqの増加関数です（③は誤り）。

問題11－7　投資の諸理論

(1) 加速度原理による投資の決定を説明しなさい。
(2) ストック調整原理による投資の決定を説明しなさい。
(3) 利潤原理による投資の決定を説明しなさい。

Chapter XI　金利：ＩＳ－ＬＭ分析

≪解答＆解答の解説≫

(1) 資本係数（$v = \dfrac{K}{Y}$）を一定とします。$K = vY$であり，両辺の増分をとります。投資は資本ストックの増分であるので，$I = \Delta K = v\Delta Y$であり，時間を明示化すると，$\Delta Y_t = Y_t - Y_{t-1}$ですので，

　　$I_t = v(Y_t - Y_{t-1})$　（加速度原理に基づく投資関数）

(2) K_{t-1}＝第$t-1$期末（第t期首）の現実の資本ストック，K_t^{*}＝第t期末の最適な資本ストック水準，λ＝調整スピード・パラメータとします。投資関数は長期の投資関数と短期の投資関数に区別されます。

　① 長期の投資関数

　　　$I_t = K_t^{*} - K_{t-1} = vY_t - K_{t-1}$

　② 短期の投資関数

　　　$I_t = \lambda(K_t^{*} - K_{t-1}) = \lambda(vY_t - K_{t-1})$　　$0 < \lambda < 1$

(3) 利潤原理

　　投資は利潤（Yは利潤の代理変数）の増加関数です。

　　$I_t = I_t(Y_t)$　（利潤原理に基づく投資関数）

【知っておきましょう】　投　資　関　数

　設備投資（I）の決定には，2つのアプローチ（割引現在価値法と内部収益率法）があり，それらは同じものです。P^s＝供給価格（限界取替費用：新品機械の価格），P^d＝需要価格（中古機械の価格），R_j＝第j期の予想収益（$j = 1, 2, \cdots, n$），r＝市場金利（市場金利は機械の存続期間にわたって不変であると仮定します），m＝投資プロジェクトの収益率とします。

(1) 割引現在価値法：中古機械の価格と新品機械の価格との比較

　中古機械の価格（P^d）は，

$$P^d = \frac{R_1}{(1+r)} + \frac{R_2}{(1+r)^2} + \cdots\cdots + \frac{R_n}{(1+r)^n}$$
$$= P^d(r, R_1, R_2, \cdots\cdots, R_n)$$

で求められます。機械の存続期間が無限大（$n = \infty$），予想収益の系列

がすべて等しい（$R_j = R$）と仮定すると，等比数列の和の公式（あるいは，上式に $\dfrac{1}{1-r}$ を乗じたものから上式を引いて，同じ項を消去すること）より，

$$P^d = \dfrac{R}{r} \quad \text{（中古機械の価格）}$$

になります。「割引現在価値法」によれば，新品機械の価格（P^s）＜中古機械の価格（P^d）のとき，投資が行われます。

(2) 内部収益率法：市場金利と投資の限界効率との比較

投資プロジェクトの予想収益率（m）は，

$$P^s = \dfrac{R_1}{(1+m)} + \dfrac{R_2}{(1+m)^2} + \cdots\cdots + \dfrac{R_n}{(1+m)^n}$$

で定義されます。つまり，mは，新品機械を P^s で購入（投資）し，n期間にわたって，R_1，R_2，……，R_n の収益を得ることを予想する投資プロジェクトの複利利回りです。機械の存続期間が無限大（$n = \infty$），予想収益の系列がすべて等しい（$R_j = R$）と仮定すると，等比数列の和の公式より，

$$P^s = \dfrac{R}{m} \quad \text{あるいは，} \quad m = \dfrac{R}{P^*}$$

になります。「内部収益率法」によれば，投資プロジェクトの予想収益率（m）＞市場金利（r）のとき，投資が行われます。

$P^d = \dfrac{R}{r}$，$P^s = \dfrac{R}{m}$ であり，割引現在価値法の「新品機械の価格（P^s）＜中古機械の価格（P^d）」は，内部収益率法の「投資プロジェクトの予想収益率（m）＞市場金利（r）」と同じことを意味しています。

IV　金利と貨幣需要

問題11－8　貨幣需要関数

次の短文を読み，正しいと思われるものにはT，誤りと思われるものにはFの記号で答えなさい。

① 国民所得の増加は取引動機に基づく貨幣需要を減少させる。
② 国民所得が増大した場合には，貨幣需要は増大するが，金利が上昇した場合には，貨幣需要は減少する。
③ 投機的動機に基づく貨幣需要は金利の減少関数である。
④ 古典派経済学のLM曲線は右上がりの曲線として描かれる。

≪解答＆解答の解説≫

① F

取引動機は国民所得の増加関数ですので，国民所得が増加すると取引需要は増加します。

② T

③ T

ケインズ経済学の貨幣需要関数ではそのとおりです。

④ F

古典派経済学は，貨幣需要の金利弾力性はゼロと考えているので，LM曲線は垂直です。これに対し，ケインズ経済学の流動性のワナの下では，貨幣需要の金利弾力性は無限大であるので，LM曲線は水平です。

―― 問題11－9　流動性のわな ――

「流動性のわな」に関する次の記述のうち，正しいものはどれですか。

① 貨幣に対する需要が強く，貨幣供給量の増加がすべてそのまま市場で吸収されてしまう状況をいい，将来の債券価格に対しての人々の予想がそれぞれ大きく異なる場合に生じやすい。
② 貨幣供給量の増加がすべて海外への資本流出となる状況を指し，利子率が高水準で一定の場合に起こる。
③ 利子率のわずかな上昇（低下）でも貨幣需要量が大きく減少（増加）するような経済が前提となっており，結果として，均衡では貨幣供給量の変動に対して利子率が反応しない状態となる。

Part 2　金融経済論の標準問題

(「証券アナリスト第1次試験」平成11年度)

≪解答＆解答の解説≫

「流動性のワナ」とは，金利があまりにも低くなってしまい，すべての人々が，もはやこれ以上，金利が下がることはないと考えるようになった状態のことです。このような状態になると，債券価格の値上がり期待はなくなるため，誰も債券を購入しなくなり，貨幣供給量を増加させても，すべて貨幣需要に吸収されてしまい，金利を低下させることができなくなります。 答え は③です。「流動性のワナ」は，将来の債券価格についての人々の予想が同じであるときに生じます（①は誤り）。資金が海外流出するのは，自国金利が低いからです（②は誤り）。

【知っておきましょう】　貨幣の保有動機

　貨幣は，その機能（一般的価値尺度，一般的交換・支払手段，価値貯蔵手段）のゆえに需要されます。ケインズ『一般理論』は，3つの貨幣保有動機，つまり取引動機，予備的動機および投機的動機を挙げ，とくに投機的動機を重視しています。

① 取引動機

　取引動機と予備的動機はともに，財貨・サービス等の購入に備えて貨幣を保有する動機です。しかし，取引動機は，財貨・サービス等の規則的な購入のために貨幣を保有する動機です。もしも収入と支出のタイミングが完全に一致しているならば，取引動機に基づく貨幣残高の保有はゼロであってもよいが，収入・支出間に時間的ズレがあれば，取引動機に基づく貨幣残高が保有されます。

② 予備的動機

　取引動機は，財貨・サービス等の規則的な購入のために貨幣を保有する動機であるが，予備的動機は，財貨・サービス等の予見されない，

不規則的な購入のために貨幣を保有する動機です。
③　投機的動機
投機的動機は，「投機的」という名称のイメージとは逆に，危険資産（コンソル債券，つまり1枚につき毎年1円の確定利子を得ることができる確定利付永久債券）ではなく，安全資産としての貨幣を保有する動機です。

【知っておきましょう】　弱気筋（ベア）と強気筋（ブル）
　アメリカの西部で熊と牛を闘わせる賭け事がありました。ベア（熊）は上から攻撃し，ブル（雄牛）は下から攻撃します。攻撃の姿↘が債券価格の下落，↗は債券価格の上昇とそれぞれ見えましたので，債券価格の下落を予想し，貨幣を選好する人は「弱気筋(bear)」，債券価格の上昇を予想し，債券を選好する人は「強気筋(bull)」とそれぞれ呼ばれるようになりました。米国の証券会社メリル・リンチのトレードマークはベア（熊）です。

V　株式の価格

問題11-10　資産価格のバブル

　資産価格のバブルと「ケインズの美人投票」に関する次の記述のうち，正しいものはどれですか。
①　ケインズの美人投票は，各人にとっての一番の美人を選ぶのではなく，最終的に選ばれるであろう美人を当てる投票であり，市場の多数派の投資行動に付和雷同した投資行動が資産価格のバブルを持続させるメカニズムと共通面がある。
②　ケインズの美人投票の比喩を資産市場に当てはめると，貨幣需要に

ついての流動性選好説が重要な役割を演じ，とりわけ投機的動機に基づく貨幣需要が資産価格のバブルを崩壊させるメカニズムと共通面がある。
③　各投資家がお互いに自分以外の投資家がもつ将来の資産価格の予想が関心事となり，結果として，何段階ものラウンドでお互いを推測し合うという「期待の連鎖」が起こった場合に合理的となるのが，ケインズの美人投票の必勝策でもある「抜け駆け」戦略となる。

(「証券アナリスト第１次試験」平成11年度)

≪解答＆解答の解説≫

答えは①です。「ケインズの美人投票」とは，誰が一番の美人として選ばれるか当てる投票であり，自分にとっての一番の美人を選ぶのではなく，大多数の他人が誰を一番の美人と考えているかを思い巡らせることが求められます。

【知っておきましょう】　株価の決定理論

株式の第 t 期首の価格（P_t）は，予想配当（d_t^*），第 t＋1 期首（第 t 期末）の予想価格それぞれの増加関数，割引率・[確定利子付き債券の第 t 期の予想収益率（r_t^*）＋プレミアム（$α_t$）] の減少関数です。さらに，予想配当（d_t^*）と割引率（$r_t^* + α_t$）が将来にわたって変わらないと仮定すれば，

$$P_t = \frac{d^*}{r^* + α}$$

を得ることができます。予想配当（d^*）や債券の予想収益率（r^*）は経済のファンダメンタルズにかかわるものであるが，プレミアム（$α$）は人々の思惑にかかわっているものです。経済のファンダメンタルズに何の変化がなくても，ある日突然，「株式のリスクは高い」と思いはじめると，プレミアム（$α$）は上昇し，株価は下落します。

Chapter XII

物価：AD−AS分析

I 一般物価水準

―― 問題12−1　実質GDPとGDPデフレーター ――

X_1，X_2の２つの財のみを生産している国民経済を考えます。この国民経済の基準年（0）と比較年（1）における，２つの財X_1，X_2の価格，産出量が下の表で与えられています。以下の問いに答えなさい。

	基 準 年（0）	基 準 年（1）
価　　格	$P_1^0=10$, $P_2^0=10$	$P_1^1=10$, $P_2^1=15$
産 出 量	$x_1^0=10$, $x_2^0=10$	$x_1^1=12$, $x_2^1=8$

(1)　基準年と比較年の名目GDPを求めなさい。
(2)　比較年の実質GDPを求めなさい。
(3)　比較年のGDPデフレーターを求めなさい。
(4)　パーシェ指数とラスパイレス指数のちがいを説明しなさい。

≪解答＆解答の解説≫

(1)　GDPを構成する財をX_1，X_2だけであると仮定しているので，

　①　第 t 年中の名目GDP＝$P_1^t x_1^t + P_2^t x_2^t$　（第 t 年価格での評価）
　②　第 t 年中の実質GDP＝$P_1^0 x_1^t + P_2^0 x_2^t$　（基準年次価格での評価）
です。ですから，

Part 2　金融経済論の標準問題

　　　基準年（第0年中）の名目ＧＤＰ＝$10\times 10+10\times 10=200$　**答え**
　　　比較年（第1年中）の名目ＧＤＰ＝$10\times 12+15\times 8=240$　**答え**
(2)　比較年の実質ＧＤＰは基準年の価格で評価したＧＤＰです。
　　　比較年（第1年中）の実質ＧＤＰ＝$10\times 12+10\times 8=200$　**答え**
(3)　比較年のＧＤＰデフレーター＝$\dfrac{\text{名目ＧＤＰ}}{\text{実質ＧＤＰ}}\times 100$です。
　　　比較年のＧＤＰデフレーター＝$\dfrac{240}{200}\times 100=120$　**答え**
(4)　一般物価水準の変化を知るためには，同じモノ（財のバスケット）を購入して，それらの購入金額を比較する必要があります。

　① パーシェ指数（ＧＤＰデフレーター）

　　比較時の財のバスケット（x_1^t, x_2^t）を考えています。第 t 年の財のバスケットを第0，t 時点の価格でそれぞれ評価し，比較しています。

$$\frac{p_1^t x_1^t + p_2^t x_2^t}{p_1^0 x_1^t + p_2^0 x_2^t}\times 100$$

　② ラスパイレス指数（卸売物価指数・消費者物価指数）

　　基準時の財のバスケット（x_1^0, x_2^0）を考えています。第0年の財のバスケットを第0，t 時点の価格でそれぞれ評価し，比較しています。

$$\frac{p_1^t x_1^0 + p_2^t x_2^0}{p_1^0 x_1^0 + p_2^0 x_2^0}\times 100$$

【知っておきましょう】　インフレとデフレ

「インフレーション」は，一般物価水準の継続的な上昇あるいは貨幣価値の継続的な下落と定義されます。1つ1つの価格ではなく，価格全体，つまり一般物価水準の上昇がインフレーションです。また，一般物価水準の1回限りの上昇ではなく，継続的な上昇がインフレーションです。もちろん，デフレーションは逆で，それは一般物価水準の継続的な下落あるいは貨幣価値の継続的な上昇と定義されます。

Chapter XII 物価：AD−AS分析

> **【知っておきましょう】 フィリップス曲線**
>
> 　フィリップス（A. W. Phillips）という英国人が，一般物価水準ではなく，貨幣賃金率の上昇率と，失業率との間の負の相関関係を経験的に観察して以降，これはおもしろいファクト・ファインディングスであるとの評価を得，縦軸に貨幣賃金率の上昇率，横軸に失業率をとった右下がりの曲線は，「フィリップス曲線」と呼ばれるようになりました。そして，インフレ理論は，このフィリップス曲線をめぐる論争として展開されてきました。フィリップス曲線をめぐる理論的展開は，フィリップス曲線の理論的導出，物価フィリップス曲線，マネタリストによる短期と長期のフィリップス曲線の区別（自然失業率仮説），合理的期待マクロ経済論者による垂直の短期フィリップス曲線の4つの段階に整理されています。

II　経済のサプライサイド：AS曲線

問題12−2　古典派とケインズ派

　古典派経済学の体系とケインズ経済学の体系を対照した記述のうち，最も適切なものはどれですか。

① 　古典派では，労働市場も生産物市場も需給均衡が達成されると考える。これに対して，ケインズ派では，労働市場において均衡を下回る水準で名目賃金率の下方硬直性が生じることを前提とする。

② 　古典派ではあらゆる市場で完全競争が前提されるのに対して，ケインズ派ではあらゆる市場で独占的競争が前提される。

③ 　古典派では，各経済主体は予算制約等の制約条件のもとで最適化行動を行い，自らの意思に反する経済取引は強制されないと考える。これに対して，ケインズ派では，非自発的失業や流動性制約の存在など，

自ら望む経済取引が実行されない可能性を考慮する。

(「証券アナリスト第1次試験」平成10年度)

《解答＆解答の解説》

答え は③です。ケインズ派理論では，均衡を上回る水準で名目賃金率の下方硬直性が想定されています（①は誤り）。ケインズ派理論で独占的競争が考えられるひとつの理由は，一般物価水準の硬直性を説明するためですが，必ずしもすべての市場において独占的競争が前提とされているわけではありません（②は誤り）。

III 経済のディマンドサイド：AD曲線

=== 問題12－3　AD曲線の形状 ===

(1) 投資の金利感応性の大きさとAD曲線の傾きの関係を説明しなさい。
(2) 貨幣需要の金利感応性の大きさとAD曲線の傾きの関係を説明しなさい。

《解答＆解答の解説》

(1) 投資の金利感応性（v）がゼロのときは，AD曲線は垂直です。投資の金利感応性（v）が小さい（IS曲線が垂直に近い）ほど，AD曲線は垂直に近づきます。

(2) 貨幣需要の金利感応性（u）が無限大のとき，つまり「流動性のワナ」のとき，AD曲線は垂直です。貨幣需要の金利感応性（u）が大きい（LM曲線が水平に近い）ほど，AD曲線は垂直に近づきます。

ChapterXII 物価：ＡＤ－ＡＳ分析

Ⅳ　ＡＤ－ＡＳモデル

問題12－4　ＡＤ－ＡＳ（総需要－総供給）分析

次のＡＤ－ＡＳモデルを考えます。

$Y = C + I$　　　　　　　（財市場の需給均衡式）
$C = 20 + 0.6Y$　　　　（実質消費関数）
$I = 70 - 6r$　　　　　（実質投資関数）
$\dfrac{M^S}{P} = M^D$　　　　　　（貨幣市場の需給均衡式）
$M^S = 360$　　　　　　（一定の名目貨幣供給）
$M^D = L_1(Y) + L_2(r)$　（実質貨幣需要関数）
$L_1 = \dfrac{1}{3}Y$　　　　　　（取引動機・予備的動機に基づく貨幣需要）
$L_2 = 170 - 8r$　　　（投機的動機に基づく貨幣需要）
$Y = 25\sqrt{N}$　　　　　（生産関数）
$w = \dfrac{25}{6}$　　　　　　　（一定の貨幣賃金率）
$N_f = 64$　　　　　　　（完全雇用量）

以下の問いに答えなさい。

(1)　ＩＳ方程式とＬＭ方程式を求めなさい。
(2)　総需要（ＡＤ）関数を求めなさい。
(3)　総供給（ＡＳ）関数を求めなさい。
(4)　この経済の（不完全雇用）均衡状態におけるＧＤＰ（Y^*），一般物価水準（P^*），金利（r^*）を求めなさい。
(5)　失業率（u^*）を求めなさい。

《解答＆解答の解説》

(1)①　ＩＳ方程式
　　$Y = C + I = (20 + 0.6Y) + (70 - 6r) = 90 + 0.6Y - 6r$
　　$(1 - 0.6)Y = 90 - 6r$

Part 2　金融経済論の標準問題

より,
$$r = 15 - \frac{1}{15}Y \quad \text{(答え：IS方程式)}$$

② LM方程式
$$\frac{M^S}{P} = M^D$$
$$\frac{360}{P} = \frac{1}{3}Y + (170 - 8r)$$

より,
$$r = \frac{170}{8} + \frac{1}{24}Y - \frac{45}{P} \quad \text{(答え：LM方程式)}$$

(2) IS方程式，LM方程式よりrを消去します。つまり,
$$r = 15 - \frac{1}{15}Y \quad \text{(IS方程式)}$$
$$r = \frac{170}{8} + \frac{1}{24}Y - \frac{45}{P} \quad \text{(LM方程式)}$$

であるので,
$$15 - \frac{1}{15}Y = \frac{170}{8} + \frac{1}{24}Y - \frac{45}{P}$$

より,
$$P = \frac{5,400}{13Y + 750} \quad \text{(答え：AD関数)}$$

を得ることができます。

(3) ケインズ派経済学と古典派経済学のちがいは，AS関数をめぐるものです。企業の利潤（π）最大化問題は,
$$\text{Max} \quad \pi = P \cdot Y - wN = P \cdot 25N^{\frac{1}{2}} - wN$$

と定式化されます。利潤最大化の1階の条件は,
$$\frac{d\pi}{dN} = P \cdot \frac{25}{2}N^{\frac{1}{2}-1} - w = P \cdot \frac{25}{2}N^{-\frac{1}{2}} - w$$
$$= P \cdot \frac{25}{2}N^{-\frac{1}{2}} - \frac{25}{6} = 0$$

であるので,
$$\frac{25}{6P} = \frac{25}{2}N^{-\frac{1}{2}} \quad \text{(労働需要関数：古典派の第一公準)}$$

です。生産関数 $Y = 25N^{\frac{1}{2}}$ より，$N^{-\frac{1}{2}} = \frac{25}{Y}$ であるので，これを利潤最大化の1階の条件に代入すると,
$$P = \frac{1}{75}Y \quad \text{(答え：AS関数)}$$

が得られます。

Chapter XII　物価：ＡＤ－ＡＳ分析

(4)　ＡＤ曲線は右下がり，ＡＳ曲線は右上がりです。ＡＤ曲線とＡＳ曲線の交点より，ＧＤＰ（Y）と一般物価水準（Ｐ）の均衡水準を得ることができます。

$$P = \frac{5,400}{13Y + 750} \quad （ＡＤ関数）$$

$$P = \frac{1}{75} Y \quad （ＡＳ関数）$$

であるので，

$$\frac{5,400}{13Y + 750} = \frac{1}{75} Y$$

であり，

$Y^* = 150$ 　（**答え**：ＧＤＰの均衡水準）

$P^* = 2$ 　（**答え**：一般物価の均衡水準）

これをＩＳ方程式に代入すると，

$r^* = 15 - \frac{1}{15} Y^* = 5$ （％）　（**答え**：金利の均衡水準）

(5)　生産関数より，$N^{-\frac{1}{2}} = \frac{25}{Y}$ であるので，両辺を2乗すると，

$$N^{*-1} = \left(\frac{25}{Y^*}\right)^2 = \left(\frac{25}{100}\right)^2 = \left(\frac{1}{6}\right)^2 = \frac{1}{36}$$

になります。$N^{*-1} = \frac{1}{N^*}$ であり，

$N^* = 36$　（雇用の均衡水準）

したがって，失業率は，

$$u^* \equiv \frac{N_f - N^*}{N^f} \times 100 = \frac{64 - 36}{64} \times 100$$
$= 43.75\%$　（**答え**：失業率）

【知っておきましょう】　ケインズによる失業の３分類

　Ｊ．Ｍ．ケインズは，失業を３種類に分けています。第１は「自発的失業」で，これは市場で成立している雇用条件では働きたくないから働いていない状態です。第２は「摩擦的失業」で，これは経済環境の変化に対する調整が即時的になされないことから生じる失業です。第３は「非自発的失業」で，現行の貨幣賃金率で働きたいけれども需要がないために働いていない状態です。

【知っておきましょう】 ＡＤ，ＡＳ曲線の形状とディマンドサイド政策・サプライサイド政策

構造改革（サプライサイド政策）は，ＡＳ曲線を右下方へシフトさせるので，一般物価水準（Ｐ）を下落，実質ＧＤＰ（ｙ）を増大させます。拡張的総需要管理政策（金融緩和・財政拡大政策：ディマンドサイド政策）はＡＤ曲線を右上方へシフトさせるので，一般物価水準（Ｐ），実質ＧＤＰ（ｙ）を上昇させます。

図12－1　サプライサイド政策

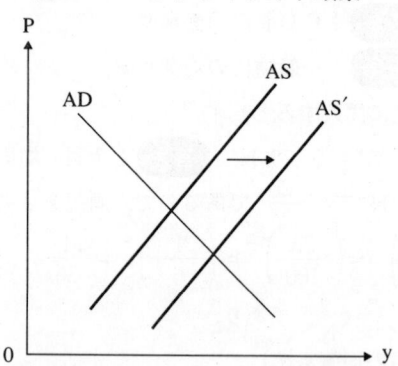

図12－2　ディマンドサイド政策

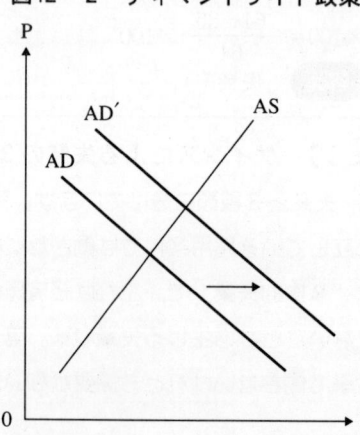

Chapter XIII

為替レート

I 金利裁定

問題13-1 金利裁定

現在の円・ドルの直物レートを1ドル＝130円，1年物ユーロ円金利を1％，1年物ユーロドル金利を6％とする。金利裁定式が成立するならば，1年後受渡しの現在の先物レートは何円／ドルになりますか。

（「証券アナリスト第1次試験」平成10年度より作成）

≪解答＆解答の解説≫

$r - r_w = \dfrac{f - e}{e}$ （カバー付きの金利平価式），つまり $f = er + e - er_w = e(r + 1 - r_w)$ に，$r = 0.01$，$r_w = 0.06$，$e = 130$ を代入すると，$f = 123.50$ 円／ドル 答え を得ることができます。

【知っておきましょう】 為替レートの実際

　自国通貨と外国通貨の交換比率は，「外国為替相場（為替レート）」と呼ばれています。そして，円とドルの交換比率も，円とユーロの交換比率も「円相場」と呼ばれています。円の対外価値への関心ということで，円高・円安と呼ばれていますが，日本人の目からは，円とドルの交換比率は「ドルの値段」，円とユーロの交換比率は「ユーロの値段」と考えるべきものです。「円相場」と呼ばれているものは，外貨（ドル，ユーロなど）

の「銀行間直物」レートのことです。銀行間直物は，次のことを意味しています。

① 銀行間

外国為替相場には，銀行間レートと顧客レートの2種類があります。「銀行間レート」は金融機関間の卸値，「顧客レート」は金融機関と個人・企業間の小売値です。外国為替相場は，銀行間（インターバンク）市場で決まり，各銀行はそれに基づいて顧客レートを決定しています。銀行間レートは時々刻々変化し，それは「日中変動」と呼ばれていますが，顧客レートは，1本だけ，午前10時頃の銀行間レートに基づいて決定されています。このレートは「中値（公示相場）」と呼ばれています。

② 直物（じきもの）

外国為替相場には，直物レートと先物レートの2種類があります。銀行間直物とは，外貨の売買契約から，円と外貨との実際の交換受渡しを行うのが2営業日後（つまり翌々日，例えば火曜日のときは木曜日）までであることを意味しています。

東京外国為替市場の銀行間直物レートの寄付（よりつき）は午前9時時点のドルの値段，終値（おわりね）は午後5時時点のドルの値段です。日本銀行は，1995年3月から，ドルの値段を「118.14－118.17」というように幅をもたせて表記しています。118.14はドルの買い気配，118.17はドルの売り気配です。前日の相場と比較するときは，「売り気配」で計算されています。

【知っておきましょう】 裁定：通貨裁定，金利裁定および商品裁定

為替レートの決定に際しては，内外の通貨間，短期資産間，貿易財間での裁定取引が重要な役割を果たしています。「裁定取引」とは，同時点で同じ資産・財に異なる価格がついているとき，その価格差を利用して，つまり単純なケースでは，安いところで買って，高いところで売ることに

よって儲ける行為のことです。その結果，安い価格が上昇し，高い価格が下落し，その価格差は解消します。通貨間，短期資産間では，利益機会は瞬時に取りつくされ，価格差はすぐに解消しますが，貿易財間では，価格差が解消するのに時間がかかります。

II 為替レートの決定：短期

問題13－2　為替レートの決定理論

次の短文を読み，正しいと思われる場合にはT，誤りと思われる場合にはFの記号で答えなさい。

(1) 購買力平価説によれば，自国のインフレは自国通貨を減価させる。
(2) 金利平価説によれば，自国金利の上昇は自国通貨を減価させる。
(3) ポートフォリオ・バランス・アプローチによれば，対外純資産の増加によるリスク・プレミアムの増大は，自国通貨を減価させる。
(4) 人々がリスクに中立的であり，予想形成において，来期も今期の為替レートが成立すると考えるときでも，自国と外国との間の名目金利差は存在する。

《解答＆解答の解説》

(1) T
(2) F

自国金利の上昇は，自国通貨建て資産での運用が有利になることを意味するため，外国為替市場で自国通貨が買われることになるので，自国通貨は増価（円高・ドル安）します。

(3) F

対外純資産の増加によりリスク・プレミアムが増大すると，外国為替市場

で自国通貨が買われることになるので,自国通貨は増価（円高・ドル安）します。

(4) F

$$r - r_w = \frac{e^* - e}{e}$$ （アンカバーの金利平価式）において,静学的予想（$e^* = e$）を仮定すると,$r - r_w = 0$です。つまり,自国と外国との間の名目金利差は存在しなくなります。

【知っておきましょう】　短期,中期,長期の為替レート決定理論

　為替レート（銀行間直物レート）が,外国為替（ドル,ユーロなど）の需給を均衡させるように決定されるということは,短期,中期,長期のいずれをとっても成立しますが,どれくらいの期間の為替レートを問題にするのかによって重点をおくべき需要・供給の内容は異なってきます。つまり,為替レートを決定するのは自国と外国との経済取引であり,国際間の経済取引には,財市場での取引と金融市場での取引があるので,為替レートは財市場と金融市場の両方の影響を受けて決定されます。問題は,為替レートの決定要因としての,財市場と金融市場の影響力は時間に依存して均等ではないということであり,短期では金融市場,長期では財市場,中期では財市場と金融市場の両方が影響力をもっています。短期の理論は「アセット・アプローチ」あるいは「ポートフォリオ・バランス・アプローチ」,中期の理論は「フロー・アプローチ」,長期の理論は「購買力平価説」とそれぞれ呼ばれています。

Chapter XIII 為替レート

III 為替レートの決定：長期

問題13－3　購買力平価説

現在の円・ドルの直物レートを１ドル＝130円とする。今後１年間に日本で１％のインフレが発生し，米国で３％のインフレが発生するならば，１年後の購買力平価は何円／ドルになりますか。

（「証券アナリスト第１次試験」平成10年度より作成）

《解答＆解答の解説》

相対的購買力平価説によれば，

$$\frac{e_1 - e_0}{e_0} = \pi - \pi_w$$

です。ここで，e_1＝１年後の為替レート，e_0＝現在の為替レート，π＝日本のインフレ率，π_w＝米国のインフレ率です。上の式に，$e_0=130$，$\pi=0.01$，$\pi_w=0.03$ を代入すると，$e_1=127$円／ドル **答え** を得ることができます（ドル安・円高）。

【知っておきましょう】　為替レートの決定：長期

長期的には，商品裁定取引が働いて，内外の同一貿易財価格には「一物一価の法則」が成立します。つまり，p＝国内の貿易財の価格（円表示），p_w＝米国の同じ貿易財の価格（ドル表示），e＝為替レートとすると，

p＝ep_w　（国内の貿易財の円建て価格＝米国の同じ貿易財の円建て価格）が長期的に成立します。これを書き換えると，

$$E_p = \frac{\frac{1}{p_w}}{\frac{1}{p}}$$

です。ここで，E_p＝購買力平価に基づく均衡為替レートです。

$\frac{1}{p}$，$\frac{1}{p_w}$ はそれぞれ，内外通貨１単位でこの貿易財をどれだけ購入

できるかを，つまりこの貿易財で測った内外通貨の購買力の比を示しています。もし日米の2カ国がこの貿易財しか生産していなければ，これは一般物価水準でもあります。このように一般物価水準で測った外国通貨の購買力と自国通貨の購買力の比に為替レートが決定されるというのが「購買力平価説（絶対的購買力平価説）」です。これは，円，ドルどちらの通貨を保有していても，財の買える量が同じになるように，為替レートが決定されるという考えです。

　絶対的購買力平価説は一般物価の水準，相対的購買力平価説は一般物価の変化率をそれぞれ問題にしています。

　均衡為替レートの変化率＝日本のインフレ率－米国のインフレ率
であるので，「日本のインフレ率＞米国のインフレ率」のときはドル高・円安，「日本のインフレ率＜米国のインフレ率」のときはドル安・円高です。

Chapter XIV

個　　　人

I 消費と貯蓄の選択

問題14-1　消費と貯蓄の選択

　ある個人の人生が2期間（若年期の第1期と老年期の第2期）からなっているとします。個人は生涯にわたっての効用の最大化を図ろうとしています。個人の効用関数は$U=U(C_1, C_2)=3C_1^a \cdot C_2^b$で与えられています。ここで，$C_1$，$C_2$＝第1, 2期の消費量です。現在財と将来財の価格はともに1で一定とします。個人の第1, 2期の予算をそれぞれY_1, Y_2とします。利子率をrとします。

(1) この個人の最適貯蓄を求めなさい。
(2) この個人の主観的時間選好率を求めなさい。

≪解答＆解答の解説≫

(1) ここでの効用最大化問題は次のように定式化されます。

　　Max　$U = 3C_1^a \cdot C_2^b$　　　　　　　（効用の最大化）

　　s.t.　$C_1 + \dfrac{C_2}{1+r} = Y_1 + \dfrac{Y_2}{1+r}$　　（予算制約式）

効用最大化の1階の条件は，

$$\dfrac{a}{b} \cdot \dfrac{C_2}{C_1} = 1+r \qquad \text{（時間限界代替率＝相対価格）}$$

$$C_1 + \dfrac{C_2}{1+r} = Y_1 + \dfrac{Y_2}{1+r} \qquad \text{（予算制約式）}$$

Part 2　金融経済論の標準問題

であり、これらの2本の方程式より、

$$C_1^* = \frac{a}{a+b} \cdot (Y_1 + \frac{Y_2}{1+r})$$　（現在財に対する最適需要）

が得られ、かくて、最適貯蓄は、

$$S^* = Y_1 - C_1^*$$
$$= Y_1 - \frac{a}{a+b} \cdot (Y_1 + \frac{Y_2}{1+r})$$
$$= \frac{b}{a+b} Y_1 - \frac{a}{a+b} \cdot \frac{1}{1+r} Y_2$$　**答え**

です。

(2)　「時間限界代替率－1」は「将来財の主観的割引率」あるいは「主観的時間選好率」と呼ばれています。したがって、主観的時間選好率は、

$$\frac{a}{b} \cdot \frac{C_2}{C_1} - 1$$　**答え**

です。

II　ポートフォリオ理論

問題14-2　宝くじと期待効用定理

確率πで賞金x_1を、確率$(1-\pi)$で賞金x_2をもたらす宝くじaは、

$$a = [x_1, x_2; \pi, (1-\pi)]$$

で表すことができます。「宝くじ」の例示として、安全資産（貨幣）と危険資産（株式）を取り上げます。貨幣については、期首時点の100万円は、確率1で期末時点には100万円になります。株式については、期首時点の100万円は、期末時点には、確率0.5で120万円（株価上昇）、確率0.5で80万円（株価下落）になります。以下の各問に答えなさい。

(1)　2つの宝くじ（安全資産と危険資産）をそれぞれa^1、a^2として、安全資産と危険資産を$a = [x_1, x_2; \pi, (1-\pi)]$の形で表しなさい。

(2)　ある投資家の効用関数は$u = u(x)$で与えられています。2つの資産の期待値と期待効用を求めなさい。

(3) 「期待効用定理」を説明しなさい。

《解答＆解答の解説》

(1) 「宝くじ」の記述

「宝くじ」を以下のように，何が，どれだけの確率で生じているのかをまず図式化することが問題を解く出発点です。

① 安全資産（貨幣）

期首時点の100万円−（確率1）→期末時点の100万円

② 危険資産（株式）

期首時点の100万円 〈（確率0.5）→期末時点の120万円（株価上昇）
　　　　　　　　　　（確率0.5）→期末時点の80万円（株価下落）

２つの宝くじ（安全資産と危険資産）は次のように記述されます。

　安全資産＝a^1＝[100；1] **答え**
　危険資産＝a^2＝[x^2_1, x^2_2；π^2_1, π^2_2]
　　　　　＝[120, 80；0.5, 0.5] **答え**

(2) 期待値と期待効用

ある投資家の効用関数は$u = u(x)$で与えられています。

① ２つの資産の期待値は，

　$E[x] \equiv \Sigma \pi_s x_s$　（期待値の定義）

で定義されています。

　$E[x^1] = 1 \times 100 = 100$ **答え**
　$E[x^2] = 0.5 \times 120 + 0.5 \times 80 = 100$ **答え**

② ２つの資産の期待効用（効用の数学的期待値）は，

　$E[u(x)] = \Sigma \pi_s u(x_s)$　（期待効用の定義）

で定義されています。

　$E[u(x^1)] = 1 \times u(100)$ **答え**
　$E[u(x^2)] = 0.5 \times u(120) + 0.5 \times u(80)$ **答え**

(3) 期待効用定理

投資家が，不確実性の下で，一定の合理性の公準を満たす行動をとるならば，（ノイマン＝モルゲンシュテルンの）効用関数 $u(x)$ が存在して，しかも貨幣と株式の間の選択は，期末時点の資産価値から得られる効用の期待値（主観的確率をウエイトとした加重平均），つまり期待効用，

$E[u(x^1)] = 1 \times u(100)$　　　　（貨幣の期待効用）

$E[u(x^2)] = 0.5 \times u(120) + 0.5 \times u(80)$　　（株式の期待効用）

の大小で行うことができるというのが「期待効用仮説」と呼ばれている理論の内容です。

問題14－3　リスクに対する態度とリスク回避度

不確実性下の選択（安全資産と危険資産の選択）は投資家の「リスクに対する態度」に依存しています。VNM効用関数を $u = u(x)$ とします。ここで，$x = $ 期末時点の富の額です。以下の各問に答えなさい。

(1) 横軸に x，縦軸に u をとって，リスク回避者，リスク愛好者，リスク中立者の効用関数を図示しなさい。x の増大に伴い限界効用がどのように変化するのか説明しなさい。

(2) VNM効用関数 $u = u(x)$ が次のような形をしているとき，その個人はリスク回避者，リスク愛好者，リスク中立者のいずれですか。

① $u = e^x$

② $u = 2x$

③ $u = x^{\frac{4}{5}}$

(3) $u = x^a$ の絶対的リスク回避度と相対的リスク回避度を求めなさい。

《解答＆解答の解説》

(1) リスク回避者，リスク愛好者，リスク中立者の効用関数の図示

x の増大に伴い，限界効用（$u'(x) = \dfrac{du}{dx}$）はリスク回避者のとき逓減し，リスク愛好者のとき逓増します。リスク中立者のときは，x に関係なく限界効用は一定です。 答え 。

Chapter XIV 個　　人

図14-1　リスク回避者　答え

（縦軸 U、横軸 x のグラフ。曲線 $U=U(x)$ は上に凸。

- $U(120)$
- $U(100)$
- $0.5 \times U(120) + 0.5 \times U(80)$
- $U(80)$

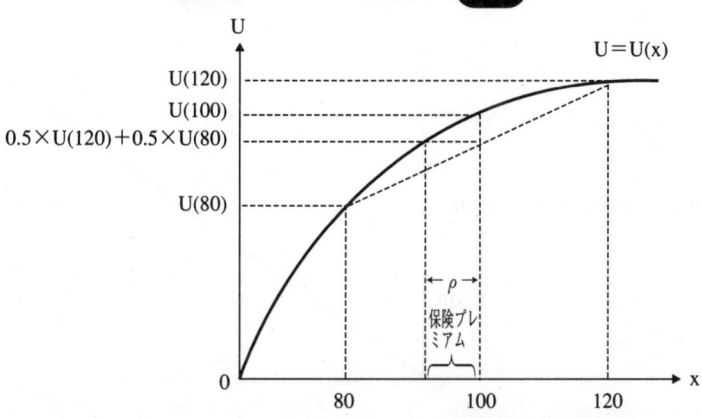

横軸上の 80、100、120 に対応。ρ（保険プレミアム）が 100 より少し左側の区間として示されている。）

図14-2　リスク愛好者　答え

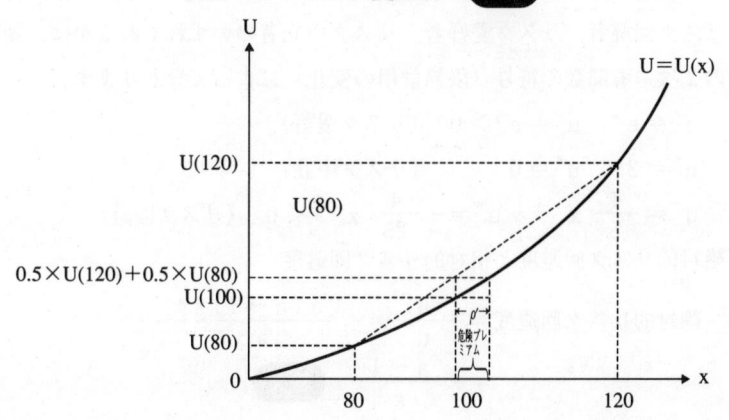

（縦軸 U、横軸 x のグラフ。曲線 $U=U(x)$ は下に凸。

- $U(120)$
- $U(80)$
- $0.5 \times U(120) + 0.5 \times U(80)$
- $U(100)$
- $U(80)$

横軸上の 80、100、120 に対応。ρ（危険プレミアム）が 100 より少し右側の区間として示されている。）

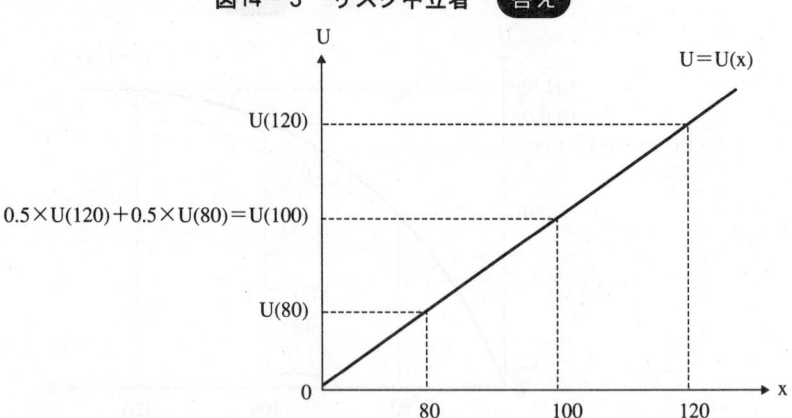

Part 2　金融経済論の標準問題

図14－3　リスク中立者　答え

U(120)

$0.5 \times U(120) + 0.5 \times U(80) = U(100)$

U(80)

U＝U(x)

0　　80　　100　　120　　x

(2) リスク回避者，リスク愛好者，リスク中立者：効用関数の2次の導関数の符号

　リスク回避者，リスク愛好者，リスク中立者のいずれであるかは，効用関数の2次の導関数の符号（限界効用の変化）によって分かります。

① $u' = e^x$　　$u'' = e^x > 0$　　（リスク愛好）

② $u' = 2$　　$u'' = 0$　　（リスク中立）

③ $u' = \dfrac{4}{5} x^{-\frac{1}{5}}$　　$u'' = -\dfrac{4}{25} x^{-\frac{6}{5}} < 0$　　（リスク回避）

(3) 絶対的リスク回避度と相対的リスク回避度

① 絶対的リスク回避度 $= -\dfrac{u''}{u'} = -\dfrac{a(a-1)x^{a-2}}{a x^{a-1}}$

　　　　　　　　　　　$= -\dfrac{a-1}{x}$　答え

② 相対的リスク回避度 $= -E[x]\dfrac{u''}{u'}$

　　　　　　　　　　　$= -E[x]\dfrac{a-1}{x}$　答え

===== 問題14－4　リスク・プレミアム =====

(1) VNM効用関数 $u = 9\sqrt{x}$ をもっている投資家の次の危険資産

$a = [x_1, x_2 ; \pi_1, \pi_2] = [100, 900 ; \dfrac{5}{8}, \dfrac{3}{8}]$

に対するリスク・プレミアムを求めなさい。また，リスク・プレミアムを図示しなさい。

(2) VNM効用関数 $u = \dfrac{1}{3} x^2$ をもっている投資家の次の危険資産
$a = [x_1, x_2 ; \pi_1, \pi_2] = [10, 50 ; \dfrac{2}{3}, \dfrac{1}{3}]$
に対するリスク・プレミアムを求めなさい。また，リスク・プレミアムを図示しなさい。

《解答＆解答の解説》

正のリスク・プレミアム（保険プレミアム）はリスクに直面することによるリスク回避者の不効用，負のリスク・プレミアム（危険プレミアム）はリスクに直面することによるリスク愛好者の効用をそれぞれ表しています。リスク・プレミアムを求める際には，

① $E[x] \equiv \Sigma \pi_s x_s = x$ の期待値
② $E[u(x)] = \Sigma \pi_s u(x_s) = x$ の期待効用
③ $y = E[u(x)]$ と同水準の効用を確実に得ることのできる富（すなわち，$u(y) = E[u(x)]$）

をまず求めます。リスク・プレミアム（RP）は，

$RP \equiv E[x] - y$

として計算されます。

(1) リスク回避者と保険プレミアム

本問題では，$u' = \dfrac{9}{2} x^{-\frac{1}{2}}$, $u'' = -\dfrac{9}{4} x^{-1} < 0$ であるので，この投資家はリスク回避者です。

$E[x] = \dfrac{5}{8} \times 100 + \dfrac{3}{8} \times 900 = 400$

$E[u(x)] = \dfrac{5}{8} \times u(100) + \dfrac{3}{8} \times u(900)$

$= \dfrac{5}{8} \times 90 + \dfrac{3}{8} \times 270$

$= \dfrac{315}{2}$

Part 2 金融経済論の標準問題

であるので,

$$u(y) = \frac{315}{2}$$

を満たす y^* を求めると,$y^* = \dfrac{1,225}{4}$ (「確実同値額」) です。したがって,

$$RP \equiv E[x] - y^* = 400 - \frac{1,225}{4} = \frac{375}{4}$$ (保険プレミアム: 答え)

が得られます。

図14-4 保険プレミアム 答え

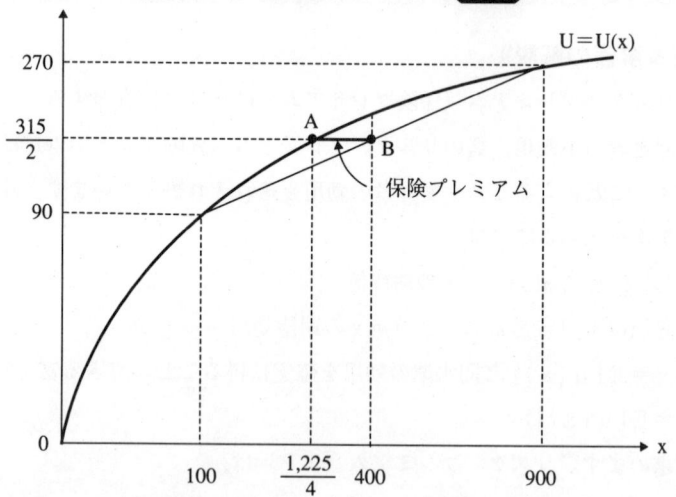

(2) リスク愛好者と危険プレミアム

本問題では,$u' = \dfrac{2}{3}x$,$u'' = \dfrac{2}{3} > 0$ であるので,この投資家はリスク愛好者です。

$$E[x] = \frac{2}{3} \times 10 + \frac{1}{3} \times 50 = \frac{70}{3}$$

$$E[u(x)] = \frac{2}{3} \times u(10) + \frac{1}{3} \times u(50)$$

$$= \frac{2}{3} \times \frac{100}{3} + \frac{1}{3} \times \frac{2,500}{3}$$

$$= 300$$

であるので,

$$u(y) = 300$$

を満たすy^*を求めると，$y^*=30$（「確実同値額」）です。したがって，
$$RP \equiv E[x] - y^* = \frac{70}{3} - 30 = -\frac{20}{3}$$
（危険プレミアム：　答え　）
が得られます。

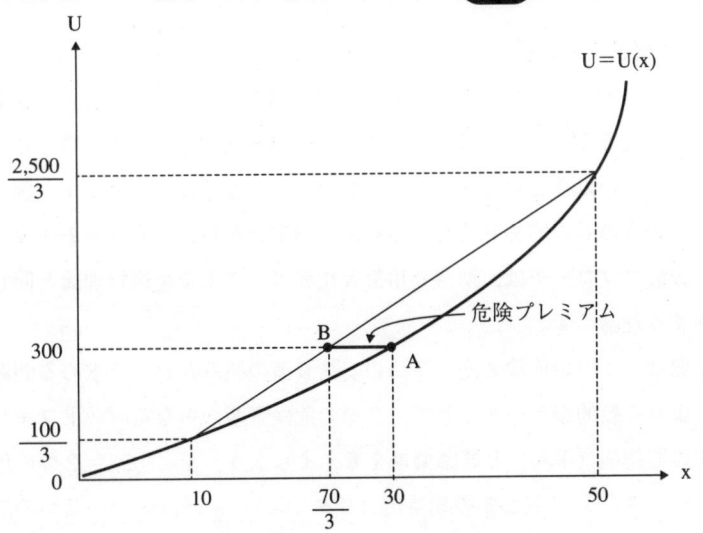

図14－5　危険プレミアム　答え

```
       U
                                              U=U(x)

   2,500
   ─────
     3

    300                    B
                              A        危険プレミアム

    100
    ───
     3
     0    10   70/3  30          50            x
```

═══ 問題14－5　投資家の期待効用最大化：平均・分散アプローチ ═══

各資産の収益率の期待値，標準偏差および相関係数は下表のとおりである。

表14－1　各資産の収益率の期待値，標準偏差および相関係数

	期待値	標準偏差	相関係数		
			短期金融資産	国内債券	国内株式
短期金融資産	1 %	0 %	1	0	0
国　内　債　券	2 %	5 %	0	1	0.2
国　内　株　式	9 %	20%	0	0.2	1

ある投資家の期待効用が$\mu_p - 0.05 \times \sigma_p^2$で与えられるとき，この投資家の期待効用を最大にする短期金融資産と国内株式の組み合わせを求めな

さい。ただし，μ_pとσ_pは，ポートフォリオの収益率の期待値と標準偏差を表しています。

（「証券アナリスト第1次試験」平成14年より作成）

《解答＆解答の解説》

資産選択行動を，収益率のリターン（期待値）とリスク（分散・標準偏差）の2つの尺度を用いて分析するオペレーショナルな手法は，「平均・分散アプローチ」あるいは「2パラメータ・アプローチ」と呼ばれています。個人の効用関数が任意のものであっても，収益率の確率分布が正規分布である場合には，平均・分散アプローチは，期待効用最大化仮説による資産選択理論と同じことを意味する理論です。

本問題は，1つの危険資産と1つの安全資産の組み合わせを求める問題であるが，より一般的なケースとして，2つの危険資産からなるポートフォリオの収益率の期待値（平均）と標準偏差を考えましょう。μ_1，μ_2＝2つの危険資産（A^{21}，A^{22}）の収益率の期待値（リターン），σ_1^2，σ_2^2＝2つの危険資産の収益率の分散（リスク）とし，$0 \leq w \leq 1$として，$\{wA^{21}+(1-w)A^{22}\}$からなるポートフォリオを考えましょう。ポートフォリオ全体の不確実な収益率Xは平均μ_p，分散σ_p^2の正規分布に従っています。ポートフォリオ全体の収益率のリターンとリスクは，それぞれ，

$\mu_p = w\mu_1 + (1-w)\mu_2$　　　　　　　　　（リターン）

$\sigma_p^2 = w^2\sigma_1^2 + (1-w)^2\sigma_2^2 + 2w(1-w)\sigma_1\sigma_2\rho$　　（リスク）

です。ここで，$\rho = X_1$とX_2の間の相関係数です。ただし$-1 \leq \rho \leq 1$です。

本問題では，$\mu_1 = 9\%$，$\mu_2 = 1\%$，$\sigma_1^2 = (20\%)^2$，$\sigma_2^2 = 0$であるので，ポートフォリオの収益率の期待値（μ_p）と標準偏差（σ_p）は，

$\mu_p = 9w + 1(1-w) = 8w + 1$

$\sigma_p = 20w$

です。EU＝投資家の期待効用とすると，

$EU = \mu_p - 0.05 \times \sigma_p^2$

$= (8w+1) - 0.05 \times (20w)^2 = -20w^2 + 8w + 1$

であり,

$\dfrac{dEU}{dw} = -40w + 8 = 0$

より,国内株式への期待効用最大化投資比率は$w^* = 0.2$(20%),短期金融資産への期待効用最大化投資比率は$(1-w^*) = 0.8$(80%)です 答え 。

【知っておきましょう】 平均・分散アプローチ

資産選択行動を,収益率のリターン(平均・期待値)とリスク(分散ないし分散の平方根である標準偏差)の2つの尺度を用いて分析するオペレーショナルな手法は,「平均・分散アプローチ」と呼ばれています。個人の効用関数が任意のものであっても,収益率の確率分布が正規分布(平均と分散とによって一義的に特徴づけられるような分布)である場合には,平均・分散アプローチは,期待効用最大化仮説による資産選択理論と同じことを意味する理論です。

【知っておきましょう】 投資家のリスク回避係数

期待効用関数を$EU = \mu_p - \lambda \sigma_p^2$と特定化したとき,$\lambda$は「投資家のリスク回避係数」と呼ばれ,投資家のリスクに対する態度はリスク回避係数の正負によって決まります。$\lambda > 0$はリスク回避者,$\lambda = 0$はリスク中立者,$\lambda < 0$はリスク愛好者を意味しています。λが大きければ大きいほど,リスクを回避する傾向が強いことを意味しています。

問題14-6 最適ポートフォリオ

(1) 各資産のリスクとリターンの予想に基づいて,効率的フロンティアを求めました。表14-2の4つのアセット・ミックスは効率的フロンティア上のアセット・ミックスです。この中には,この年金基金にとっておおむね最適であるアセット・ミックスが1つ存在するが,それはどれで

Part 2 金融経済論の標準問題

すか。ただし、この基金の期待効用は$\mu_p - 0.02\sigma_p^2$とします。μ_pとσ_pは、ポートフォリオの期待収益率と標準偏差を表しています。

表14-2 4つのアセット・ミックス

ポートフォリオ	a	b	c	d
期待収益率（年率）	3.0%	4.0%	5.0%	6.0%
標準偏差（年率）	2.3%	4.0%	6.3%	10.3%
分散（年率）	5.5	16.2	39.1	106.2
投資比率（株式）	5.2%	11.7%	25.0%	50.0%
投資比率（債券）	34.3%	64.9%	75.0%	50.0%
投資比率（コール）	60.5%	23.4%	0.0%	0.0%

（「証券アナリスト第1次試験」平成12年第7問Ⅰより作成）

(2) 安全資産と危険資産とからなるポートフォリオの収益率をX、期待値をE[X]、分散を$\sigma^2(X)$とした場合、期待効用関数が$U = E[X] - 0.5\sigma^2(X)$である投資家の資産選択に関して、正しいものを1つ選びなさい。

① 危険資産（全体）の保有比率は運用資産額が増加すると高まる。
② 危険資産（全体）の保有比率は運用資産額が増加すると低下する。
③ 危険資産（全体）の保有比率は運用資産額が増加しても一定である。
④ 危険資産（全体）の保有比率は運用資産額がある水準まではゼロで一定であるが、それ以上に増えると増加する。

（「証券アナリスト第1次試験」平成11年第7問Ⅰより作成）

《解答＆解答の解説》

(1) 期待効用最大のアセット・ミックス

ポートフォリオa、b、c、dの期待収益率と分散の数値を、年金基金の期待効用関数$EU(\sigma_p, \mu_p) = \mu_p - 0.02\sigma_p^2$に代入すると、

$U^a(\sigma_p, \mu_p) = \mu_p - 0.02\sigma_p^2 = 3 - 0.02 \times 5.5 = 2.89$

$U^b(\sigma_p, \mu_p) = \mu_p - 0.02\sigma_p^2 = 4 - 0.02 \times 16.2 = 3.676$

$U^c(\sigma_p, \mu_p) = \mu_p - 0.02\sigma_p^2 = 5 - 0.02 \times 39.1 = 4.218$

$U^d(\sigma_p, \mu_p) = \mu_p - 0.02\sigma_p^2 = 6 - 0.02 \times 106.2 = 3.876$

です。年金基金にとって最適（期待効用最大）であるアセット・ミックスは c **答え** です。

(2) 最適資産構成と運用資産額

期待効用関数が $U = E[X] - 0.5\sigma^2(X)$ のように収益率の期待値と標準偏差のみで特定化される場合，安全資産と危険資産の最適構成は運用資産額にかかわりなく一定であるので，**答え** は③です。

【知っておきましょう】 効率性フロンティアと最適ポートフォリオ

2つの危険資産 A^{21}（ハイリスク・ハイリターン型の危険資産），A^{22}（ローリスク・ローリターン型の危険資産）によって可能な組み合わせは，一般には（$-1 < \rho < 1$），A^{21}，A^{22} を結ぶ直線よりも左側に来ます。というのは，投資家は，その富を2つの危険資産に分散することによって，リスクを低下させることができるからです。分散投資によってリスクをどの程度低下させることができるかは，2つの危険資産（A^{21}，A^{22}）の収益率の確率分布が互いにどのような関係にあるかに依存しています。以下では，相関係数（ρ）の大きさによって，3つの特殊ケースを考えましょう。

① $\rho = 1$（正の完全相関）のケース

もし2つの危険資産の不確実な収益率 X_1，X_2 の相関係数（ρ）が1で完全に相関しているならば，投資家は，A^{21}，A^{22} を表す点を結ぶ直線上のポートフォリオ（2つの危険資産の組み合わせ）しか選択することができません。つまり，効率性フロンティアは，2点 A^{21}（σ_1, μ_1），$A^{22}(\sigma_2, \mu_2)$ を通る半直線です。2つの危険資産の最適ポートフォリオは無差別曲線と効率性フロンティアの接点（Q_1）で決定されます。

Part 2　金融経済論の標準問題

図14-6　$\rho = 1$（正の完全相関）のケース

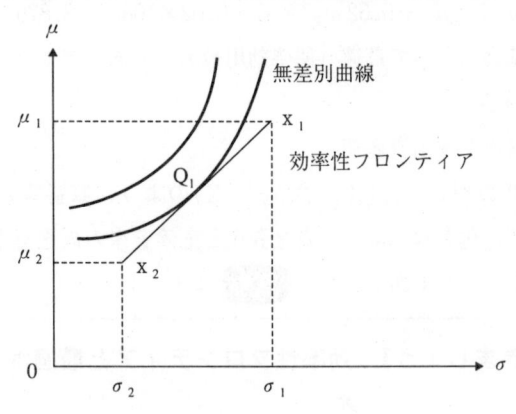

(図：縦軸 μ、横軸 σ。X_1 は (σ_1, μ_1)、X_2 は (σ_2, μ_2)。無差別曲線、効率性フロンティア、点 Q_1 が示されている。)

② $\rho = -1$（負の完全相関）のケース

　もし2つの危険資産の不確実な収益率 X_1, X_2 の相関係数（ρ）が -1 で完全に逆相関しているならば、投資家は、2つの危険資産を組み合わせて、安全資産を得ることも可能です。例えば、$\mu_1 = 2$, $\sigma_1^2 = 4$ のハイリスク・ハイリターン型の危険資産、$\mu_2 = 1$, $\sigma_2^2 = 1$ のローリスク・ローリターン型の危険資産を考えれば、効率性フロンティアは、

$$\sigma^2 = \left(\frac{\mu-1}{2-1}\right)^2 \{4+1-2\times 2\times 1\times(-1)\}$$
$$+ 2\left(\frac{\mu-1}{(-1)}\right)\{2\times 1\times(-1)-1\}+1$$
$$= (3\mu-4)^2$$

つまり、

$$\sigma = 3\mu - 4$$

となり、$\mu = \dfrac{4}{3}$ のとき、$\sigma = 0$ です。ポートフォリオ全体の収益率のリターンは、

$$\mu = w\mu_1 + (1-w)\mu_2$$

であるので、これに $\mu = \dfrac{4}{3}$, $\mu_1 = 2$, $\mu_2 = 1$ を代入すると、

$$\frac{4}{3} = w\times 2 + (1-w)\times 1$$

となり，$w = \frac{1}{3}$ を得ることができます。投資家は，富の $\frac{1}{3}$ をハイリスク・ハイリターン型危険資産（A^{21}）に，富の $\frac{2}{3}$ をローリスク・ローリターン型危険資産（A^{22}）に分散投資すれば，ポートフォリオ全体の収益率のリターンは $\frac{4}{3}$，リスクは0となります。つまり，2つの危険資産を組み合わせることによって，安全資産を得ることができます。

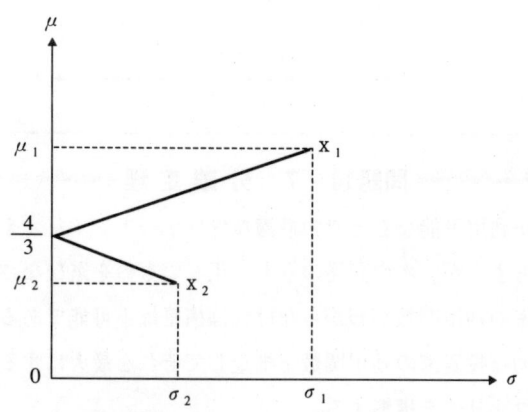

図14－7　$\rho = -1$（負の完全相関）のケース

③　$\rho = 0$（完全無相関）のケース

もし2つの危険資産の不確実な収益率X_1，X_2の相関係数（ρ）が0で完全に無相関ならば，効率性フロンティアは縦軸に対して凸の双曲線です。ただし，効率性フロンティア上で意味のある点，つまり有効な点は，リスクを最小にする組み合わせよりも右上の部分になければなりません。有効な点の軌跡は「有効な効率性フロンティア」と呼ばれ，2つの危険資産の最適ポートフォリオは，無差別曲線と有効な効率性フロンティアの接点（Q_2）で決定されます。ローリスク・ローリターン型危険資産（A^{22}）は有効な効率性フロンティア上になく，投資家はローリスク・ローリターン型危険資産（A^{22}）の形ですべての富を保有することはありません。

Part 2　金融経済論の標準問題

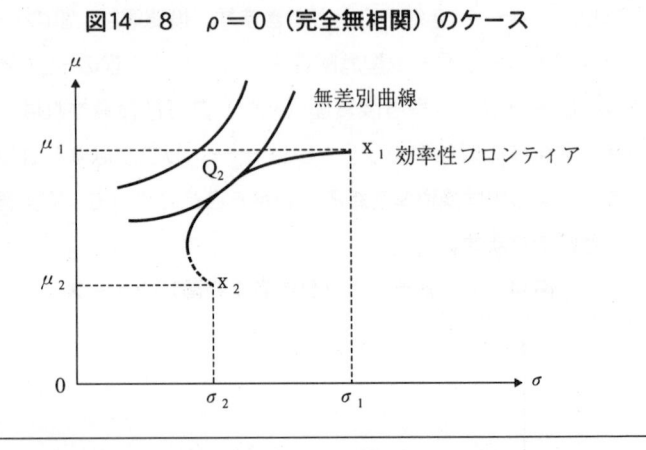

図14－8　$\rho = 0$（完全無相関）のケース

（図：横軸 σ、縦軸 μ。無差別曲線、効率性フロンティア、点 X_1（μ_1, σ_1）、点 Q_2、点 X_2（μ_2, σ_2）を示す）

===== 問題14－7　分離定理 =====

　安全資産が利用可能なもとでの最適な株式ポートフォリオを構築するにはどうしたらよいか。次の記述のうち，正しいものを選びなさい。
① 投資家の効用関数がわからなければ構築は不可能である。
② 標準的な投資家の効用関数を推定してそれを最大にするような株式ポートフォリオを構築する。
③ 最適なポートフォリオは無数にある。
④ シャープ測度が最大となるような株式ポートフォリオを構築する。

（「証券アナリスト第１次試験」平成11年より作成）

《解答＆解答の解説》

　１つの安全資産と株式ポートフォリオを組み合わせた場合の効率性フロンティアは直線になります。どのリスク水準（標準偏差）に対してもリターン（期待収益率）が最大になるのは，効率性フロンティアの傾き，つまり「シャープ・レシオ」が最も大きいポートフォリオです。安全資産が利用可能なとき，投資家は効用関数の形状のいかんにかかわりなく，株式ポートフォリオCを一義的に構築することができます（　答え　は④です）。

図14-9　分　離　定　理

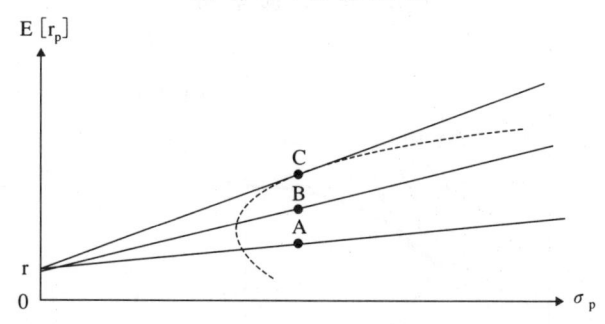

【知っておきましょう】　分　離　定　理

　2つの危険資産（ロー・リスク，ロー・リターン型の危険資産とハイ・リスク，ハイ・リターン型の危険資産）に，1つの安全資産A^1（銀行預金：リターンはr，リスクはゼロ）を加えたポートフォリオの最適構成を考えましょう。効率性フロンティアは，図14-10に示されているように，A^1点（0，r）と，A^1点を通る直線が曲線$A^{21}A^{22}$と接するM点（接点ポートフォリオ）を結んだ直線です。最適ポートフォリオは，この効率性フロンティアと無差別曲線が接するQ_3点に対応して決定されます。Q_3点では，A^1Q_3：Q_3Mの投資比率で，合成危険資産と安全資産に投資されます（Q_3点がM点の右上の部分に位置するときは，安全資産を負の比率で保有（利子率rでの借入）することを意味しています）。

Part 2　金融経済論の標準問題

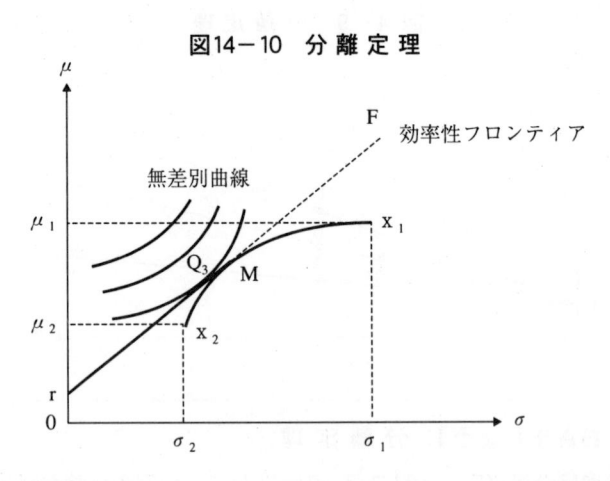

図14－10　分　離　定　理

[図：縦軸 μ、横軸 σ。効率性フロンティア、無差別曲線、点 x_1（μ_1, σ_1）、点 x_2（μ_2, σ_2）、点 Q_3、点 M、直線 F、切片 r を示す。]

かくて，図14－10より，1つの安全資産が存在し，かつ2つの危険資産が存在する場合には，「分離定理」と呼ばれている興味ある定理が成立することが分かります。つまり，投資家が危険回避者であって，その資産を1つの安全資産 A^1 と2つの危険資産 A^{21}，A^{22} に分散投資しようとするとき，2つの危険資産の最適保有比率（図中のM点）は，安全資産 A^1，危険資産 A^{21}，A^{22} の各収益率の確率分布に関する予想のみに依存し，無差別曲線（リターンとリスクに対する選好）の具体的な形状には依存しない，という定理です。これが分離定理と呼ばれている理由は，危険資産相互の最適構成比率（接点ポートフォリオ）を決める決定と，合成危険資産M（接点ポートフォリオ）と安全資産との最適構成比率を決める決定とを分離して行うことができるからです。

「分離定理」は，危険資産が3つ以上存在しても成立します。また，この定理の系として，人々が各資産の収益率に関してすべて同じ予想を持ち，かつすべての人々が危険回避者であるならば，人々の無差別曲線の具体的な形，つまり危険回避度の大きいかんにかかわらず，危険資産相互間の保有の相対比率はすべての人にとって一定であるという命題が導かれます。

III CAPM（資本資産評価モデル）

問題14-8　CAPM

利子率が3％の安全資産が存在し，市場ポートフォリオの期待収益率が9％，標準偏差が12％とします。このとき，資本資産評価モデル（CAPM）が成立するものとして，次の2つの株式A，Bについて，β_i（i＝A, B）および期待収益率を求めなさい。

	標準偏差	市場ポートフォリオとの相関係数
株式A	15%	0.6
株式B	6%	0.3

《解答＆解答の解説》

(1) β_i（i＝A, B）の計算

β_iは，「第i銘柄のベータ」と呼ばれ，$\beta_i = \dfrac{\mathrm{Cov}(r_M, r_i)}{\mathrm{Var}(r_M)}$ と定義されています。相関係数の定義式より，$\mathrm{Cov}(r_M, r_i) = \rho_{Mi} \sigma_M \sigma_i$ であり，$\rho_{MA}=0.6$, $\rho_{MB}=0.3$, $\sigma_M=12$, $\sigma_A=15$, $\sigma_B=6$ を代入すると，

$$\beta_A = \frac{\mathrm{Cov}(r_M, r_A)}{\mathrm{Var}(r_M)} = \frac{\rho_{MA} \sigma_M \sigma_A}{\mathrm{Var}(r_M)}$$
$$= \frac{0.6 \times 12 \times 15}{12^2} = 0.75 \quad \boxed{答え}$$

$$\beta_B = \frac{\mathrm{Cov}(r_M, r_B)}{\mathrm{Var}(r_M)} = \frac{\rho_{MA} \sigma_M \sigma_B}{\mathrm{Var}(r_M)}$$
$$= \frac{0.3 \times 12 \times 6}{12^2} = 0.15 \quad \boxed{答え}$$

です。

(2) $E[r_i]$（i＝A, B）の計算

CAPMの式は，$E[r_i] = r_f + \beta_i \{E[r_M] - r_f\}$ であり，$r_f=3$, $\beta_A=0.75$, $\beta_B=0.15$, $E[r_M]=9$ を代入すると，

$$E[r_A] = r_f + \beta_A \{E[r_M] - r_f\}$$

Part 2　金融経済論の標準問題

$$= 3 + 0.75 \times (9 - 3) = 7.5\%$$ 答え

$$E[r_B] = r_f + \beta_B \{E[r_M] - r_f\}$$
$$= 3 + 0.15 \times (9 - 3) = 3.9\%$$ 答え

です。

【知っておきましょう】　ＣＡＰＭの式

　ＣＡＰＭ（Capital Asset Pricing Model）は「キャップエム」と読まれ，「資本資産評価モデル」と訳されています。

$$E[r_i] = r_f + \beta_i \{E[r_M] - r_f\}$$

は「ＣＡＰＭの式」と呼ばれています。ここで，r_i＝任意の株式 i の投資利回り，r_f＝国債の投資利回り（リスクフリー・レート），β_i＝任意の株式 i の β（ベータ），r_M＝株式市場全体の投資利回りであり，$\{E[r_M] - r_f\}$ は「マーケットリスク・プレミアム」と呼ばれています。ＣＡＰＭの式を，縦軸に $E[r_i]$，横軸に β_i をとって表した図は，「証券市場線（Security Market Line）」と呼ばれています。

図14-11　株式のリスクとリターンの関係：証券市場線

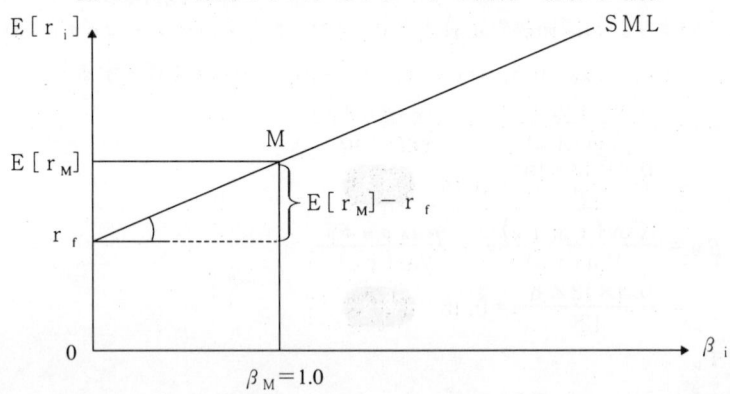

（縦軸：$E[r_i]$，横軸：β_i。原点 0 から r_f を通る直線 SML。点 M において $\beta_M = 1.0$，縦軸値は $E[r_M]$。$E[r_M] - r_f$ がマーケットリスク・プレミアム。）

　証券市場線は，第 i 銘柄のリスクがこれこれの大きさだと，ポートフォリオの最適化のためには，これこれのリターンが必要であることを示しています。つまり，投資家が，現在のポートフォリオに第 i 銘柄を追加しよ

うとするとき，その銘柄が満たしておかなければならない，リターンとリスクの組み合わせを示しています。第 i 銘柄がローリスク（低いβ_i）のときはローリターン（小さい$E[r_i]$）でよいが，ハイリスク（高いβ_i）のときはハイリターン（大きい$E[r_i]$）でなければなりません。

問題14－9　ＣＡＰＭ

ＣＡＰＭが成立しているとします。Ａ社の株式の期待収益率がＢ社株式の期待収益率よりも大きい場合，以下の記述のうち，正しいものはどれですか。

① Ａ社株式の収益率の標準偏差は，Ｂ社株式の収益率の標準偏差よりも大きい。
② Ａ社株式の収益率の標準偏差は，Ｂ社株式の収益率の標準偏差よりも小さい。
③ Ａ社株式のベータは，Ｂ社株式のベータよりも大きい。
④ Ａ社株式と市場ポートフォリオの収益率の相関係数は，Ｂ社株式と市場ポートフォリオの収益率の相関係数よりも大きい。

（「証券アナリスト第１次試験」平成10年度より作成）

《解答＆解答の解説》

答えは③です。ＣＡＰＭが成立しているので，Ａ社とＢ社はともに証券市場線上に存在していることになります。ですから，Ａ社株式のリターンがＢ社株式のリターンよりも大きいので，リスク（ベータ）も，Ａ社株式の方がＢ社株式よりも大きくなければなりません。

Chapter XV

企　　　業

I　投資決定理論

問題15−1　キャッシュ系列の現在価値

割引率を5％として，次の3つのキャッシュの系列の現在価値を求めなさい。

	0年目期末(現在)	1年目	2年目	3年目	4年目	5年目
A	−300	100	100	100	100	100
B	−300	150	150	100	50	50
C	0	−300	200	150	100	50

≪解答＆解答の解説≫

「現在価値」とは，将来に受け取るキャッシュが，現在時点（第0年期末＝第1年期首）ではどのくらいの経済価値があるかを表したものです。PV＝現在価値，C_t＝第t年期末に受け取るキャッシュ（t＝0〜5），r＝割引率とすると，現在価値は，

$$PV \equiv C_0 + \frac{C_1}{(1+r)^1} + \frac{C_2}{(1+r)^2} + \frac{C_3}{(1+r)^3} + \frac{C_4}{(1+r)^4} + \frac{C_5}{(1+r)^5}$$

として求められます。Aの現在価値PV(A)は，

$$PV(A) = -300 + \sum_{t=1}^{5} \frac{100}{(1+0.05)^t} \fallingdotseq 133 \quad \boxed{答え}$$

で求められます。同様にして，

PV(B)≒146, PV(C)≒147　答え

です。

> **【知っておきましょう】　NPV（正味現在価値）**
>
> 　投資プロジェクトを実施すべきか否かを決める場合や，複数の投資プロジェクト候補の中から最良のものを選ぶ場合に必要となるのが「バリュエーション（投資の価値計算）」です。バリュエーションの代表的な方法に，NPV（正味現在価値：Net Present Value）の算出があります。NPVとは，投資プロジェクトから得られる正味の「フリー・キャッシュフロー（FCF）」の現在価値，つまりプロジェクトから得られるフリー・キャッシュフローの現在価値から，プロジェクトの投資金額の現在価値を差し引いた金額のことです。「投資プロジェクトを実施すべきか否か」については，NPVがプラスであれば，プロジェクトを実行すべきと判断できます。「複数の投資プロジェクト候補の中からどれを実施すべきか」については，NPVが最大のものを実行すべきと判断できます。
>
> 　NPV（正味現在価値）の定義式は次のものです。
>
> $$NPV = FCF_0 + \frac{FCF_1}{(1+r)} + \cdots + \frac{FCF_n}{(1+r)^n}$$
>
> ここで，FCF_i（$i=0 \sim n$）＝第 i 期間のフリー・キャッシュフロー，r＝WACC（資本コスト），n＝投資プロジェクトからフリー・キャッシュフローが得られる期間です。つまり，NPVを計算するためには，年ごとのフリー・キャッシュフロー（FCF_i），WACC（r），期間（n）の3つの要素が必要です。

Ⅱ　ＭＭ理論

問題15－2　最適資本構成

次の短文を読み，正しいと思われるものにはＴ，誤りと思われるものにはＦの記号で答えなさい。

(1) モディリアーニ＝ミラーの理論によれば，企業が投資を行う場合に，内部資金調達の方が，外部資金調達より資本コストが低く有利です。

(2) モディリアーニ＝ミラーの理論によれば，企業が投資の意思決定をする場合，その資金を株式発行で調達する企業の方が，積極的に投資活動する。

(3) モディリアーニ＝ミラーの理論の修正（最適資本構成の理論）によれば，倒産に伴うコストが存在する場合，社債発行よりも株式発行を選択した方が，企業価値を高められる。

(4) モディリアーニ＝ミラーの理論によれば，企業の資金調達において株式発行に対する社債発行の比率が高まるにつれて，その企業の1株当たりの利益の平均値は増加し，企業の総価値も上昇する。

《解答＆解答の解説》

(1) Ｆ

　MM（F.モディリアーニ＝M.ミラー）理論は，税金と取引費用がない完全市場を前提として，「企業価値はバランスシートの左側，つまり資産で決まるのであって，右側，つまり資本構成で決まるわけではない」という命題を論証しました。企業が新しい投資プロジェクトを実行する場合に，そのための資金をどのような手段で調達するかは，既存株主にとってまったく関係なく，資金調達コストは内部資金調達によっても，外部資金調達によってもまったく同一です。

Part 2　金融経済論の標準問題

(2)　F

MM理論によれば，企業の投資活動はその資金調達手段に依存していません。

(3)　T

(4)　F

MM理論によれば，企業の総価値は資本構成に依存していません。

【知っておきましょう】　企 業 価 値

　企業全体の経済的価値，具体的には，企業が将来にわたって生み出すキャッシュフローの現在価値は，「企業価値」と呼ばれています。実際には，企業は，さまざまな投資プロジェクトから構成されており，貸借対照表上の資産は，さまざまな投資プロジェクトの集合体とみなすことができます。いま企業全体を1つの投資プロジェクトとみなし，そのNPV（正味現在価値）を求めたものが「企業価値」です。貸借対照表上の資産は，会計学のルールに従って，取得価格で評価されていますが，これを市場価格で評価したものが「企業価値」です。貸借対照表上の資産を市場価格で評価するとは，資産が生み出すキャッシュフローの現在価値を求めることです。

図15－1　企 業 価 値

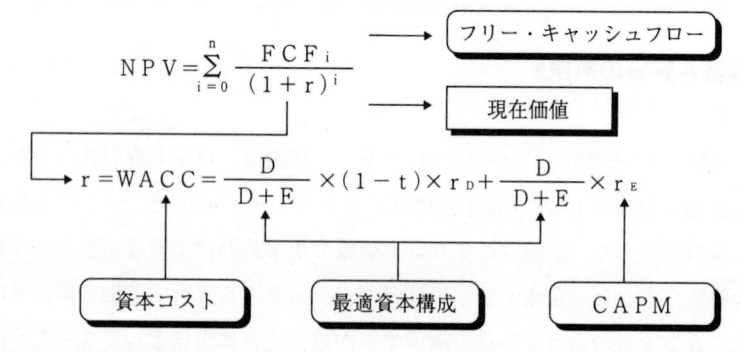

$$NPV = \sum_{i=0}^{n} \frac{FCF_i}{(1+r)^i}$$

→ フリー・キャッシュフロー
→ 現在価値

$$r = WACC = \frac{D}{D+E} \times (1-t) \times r_D + \frac{D}{D+E} \times r_E$$

資本コスト　　最適資本構成　　CAPM

Chapter XV 企　　業

> 【知っておきましょう】　ＭＭの第一命題（無関連性命題）
> 　同一の投資プロジェクトに直面しているが，資本構成だけが異なっている２つの企業の総価値は等しい，換言すれば，「企業価値」は資本構成（資金調達方式）から独立であることが分かっています。これは，「ＭＭ（モディリアーニ＝ミラー）の第一命題（無関連性命題）」と呼ばれています。

Ⅲ　財　務　政　策

問題15-3　配当政策と理論株価：モディリアニ＝ミラーの定理

　Ｂ社の今期予想１株当たりの利益は50円であり，これまでも同額の利益を維持してきた。Ｂ社の配当性向は従来100％であったが，今期末から50％とし，残りの内部留保額で新規事業への投資を行うことになった。これにより，配当成長率が５％が見込まれている。投資家の要求収益率が10％のとき，Ｂ社の配当政策の変化は理論株価にどのような影響を与えますか。
　① 理論株価は上昇する。
　② 理論株価は下落する。
　③ 理論株価は不変である。
　④ これだけでは，どちらともいえない。
（「証券アナリスト第１次試験」平成11年より作成）

《解答＆解答の解説》
　これは「配当政策は株式価値に影響しない」というモディリアニ＝ミラーの定理の１つです。配当性向が100％の場合，ゼロ成長配当割引モデルを用いると，理論株価は $\frac{50}{0.1}$ ＝500円です。一方，配当性向が50％の場合，定率成長配当割引モデルを用いると，理論株価は $\frac{50 \times 0.5}{0.1 - 0.05}$ ＝500円です。したがって，**答え**は③です。

【知っておきましょう】 財務政策：配当政策と自社株買い

「配当政策」とは，企業が株主に対して支払う配当の金額を設定することです。「自社株買い」とは，企業がキャッシュを払って，市場から自社の株式を買い戻すことです。企業側から見れば，手元のキャッシュを株主に還元するに当たって，配当として株主に支払うか，株主から自社株を買い戻すために使うかの2つの方法が考えられます。

【知っておきましょう】 ゼロ成長配当割引モデルと定率成長配当割引モデル

配当割引モデルは，株式の内在価値（本質的価値）を，将来の各期間の予想キャッシュ・フロー（予想配当）の現在価値の合計であるとするものです。無限の将来にわたる予想配当についての仮定によって，次の2つのモデルが区別されています。

(1) ゼロ成長配当割引モデル

「ゼロ成長モデル」では，将来の各期間の予想キャッシュ・フロー（予想配当）は一定（C）であると仮定されています。現在（第0年目末）の株式の内在価値V_0は，

$$V_0 = \frac{C}{(1+r)} + \frac{C}{(1+r)^2} + \frac{C}{(1+r)^3} + \cdots\cdots$$

$$= \frac{C}{r}$$

です。

(2) 定率成長配当割引モデル

「定率成長モデル」では，将来の各期間の予想キャッシュ・フロー（予想配当）は一定率（g）で成長すると仮定されています。つまり，$C_t = C_1(1+g)^{t-1}$ ($t = 2, 3, \cdots\cdots$) と仮定されています。現在（第0年目末）の株式の内在価値V_0は，

$$V_0 = \frac{C_1}{(1+r)} + \frac{C_2}{(1+r)^2} + \frac{C_3}{(1+r)^3} + \cdots\cdots$$

$$= \frac{C_1}{(1+r)} + \frac{C_1(1+g)}{(1+r)^2} + \frac{C_1(1+g)^2}{(1+r)^3} + \cdots\cdots$$

$$= \frac{C_1}{r-g}$$

です。ただし，$0 < g < r$ です。

Chapter XVI

民間銀行

I　マネーサプライと信用創造

問題16－1　貨幣乗数

マネーサプライ保有者，民間銀行の行動がマネーサプライにどのような影響を及ぼすのかを説明しなさい。

《解答＆解答の解説》

マネーサプライ（M）は，日本銀行の金融政策（H），マネーサプライ保有者の現金通貨・預金通貨比率（α），民間銀行の支払準備・預金比率（β）の3つの要因によって決定されます。つまり，

$$M = \frac{\alpha + 1}{\alpha + \beta} \cdot H$$

です。

マネーサプライ保有者，民間銀行の行動は，マネーサプライに以下のような影響を及ぼします。

$$\frac{\partial M}{\partial \alpha} = \frac{\beta - 1}{(\alpha + \beta)^2} \cdot H < 0 \quad \boxed{答え}$$

$$\frac{\partial M}{\partial \beta} = -\frac{\alpha + 1}{(\alpha + \beta)^2} \cdot H < 0 \quad \boxed{答え}$$

つまり，金融システム不安などにより，マネーサプライ保有者・民間銀行が保有現金の割合（α，β）を高めると，マネーサプライは減少します。

Part 2　金融経済論の標準問題

【数学チェック】　$\dfrac{\alpha+1}{\alpha+\beta}$ の α，β についての微分

$\dfrac{\alpha+1}{\alpha+\beta}$ の α，β での偏微分は商の微分です。

① $\dfrac{\alpha+1}{\alpha+\beta}$ を α で偏微分します。

$$\dfrac{\partial \dfrac{\alpha+1}{\alpha+\beta}}{\partial \alpha}$$

$$=\dfrac{(\alpha+1)'(\alpha+\beta)-(\alpha+1)(\alpha+\beta)'}{(\alpha+\beta)^2}$$

$$=\dfrac{(\alpha+\beta)-(\alpha+1)}{(\alpha+\beta)^2}$$

$$=\dfrac{\beta-1}{(\alpha+\beta)^2}<0$$

② $\dfrac{\alpha+1}{\alpha+\beta}$ を β で偏微分します。

$$\dfrac{\partial \dfrac{\alpha+1}{\alpha+\beta}}{\partial \beta}$$

$$=\dfrac{(\alpha+1)'(\alpha+\beta)-(\alpha+1)(\alpha+\beta)'}{(\alpha+\beta)^2}$$

$$=-\dfrac{\alpha+1}{(\alpha+\beta)^2}<0$$

【知っておきましょう】　信用創造メカニズム

$$M=\dfrac{\alpha+1}{\alpha+\beta}\cdot H=m\cdot H$$

で示される「貨幣乗数アプローチ」は恒等関係を意味するものであって，何らの因果関係を示すものではないとする批判があります。ハイパワードマネー（H）が変化したときに，マネーサプライ（M）が変化するメカニズムを理解することが重要です。それが「信用創造メカニズム」です。

Chapter XVI　民間銀行

II　銀　行　行　動

―― 問題16－2　銀　行　行　動 ――

　本源的預金は銀行にとっては受動的なもの，派生的預金は文字通り貸出によって派生する預金です。本源的預金と派生的預金の区別を行い，以下のようなバランスシートをもつ銀行の，最適貸出額を求めなさい。

民　間　銀　行

資　　産		負　　債	
現金準備	$C_b(\equiv \beta D_0)$	預　金	$D_0 + \phi(L)$
コールローン	CL	コールマネー	CM
貸出金	L	日銀借入金	B_0

　ここで，$\phi(L)$ は貸出の預金歩留まり関数です。以下の問いに答えなさい。

(1)　銀行のバランスシートを定式化しなさい。
(2)　銀行の利潤を定式化しなさい。
(3)　銀行の利潤最大化の1階の条件を求めなさい。
(4)　$\phi(L) = kL$，$C(L) = L^2$ として，最適貸出額（L^*）を求めなさい。ここで，C は営業費用です。
(5)　(4)で求めた最適貸出額（L^*）は，公定歩合（r_B）の影響を受けていますか。受けているとすれば，どのような影響を受けているのか答えなさい。

《解答＆解答の解説》

(1)　$\beta D_0 + CL + L \equiv D_0 + \phi(L) + CM + B_0$　**答え**

(2)　$\pi = (r_c CL + r_L L) - [\{r_D\{D_0 + \phi(L)\}\} + r_c CM + r_B B_0\}] + C(L)]$　**答え**

(3)　銀行の利潤最大化問題は，

Part 2　金融経済論の標準問題

　　　Max　$\pi = r_c(CL - CM) + r_L L - [r_D \{D_0 + \phi(L)\} + r_B B_0]$
　　　　　　　$- C(L)$
　　　s.t.　$(CL - CM) + L \equiv (1-\beta)D_0 + \phi(L) + B_0$

と定式化されます。つまり，

　　　Max　$\pi = r_c \{(1-\beta)D_0 + \phi(L) + B_0 - L\} + r_L L - [r_D \{D_0 + \phi(L)\} + r_B B_0] - C(L)$

と定式化されます。銀行の利潤最大化の1階の条件，

$$\frac{d\pi}{dL} = r_c \phi'(L) - r_c + r_L - r_D \phi'(L) - C_L = 0 \quad \boxed{答え}$$

です。

(4)　$\phi(L) = kL$とすれば，

　　銀行の利潤最大化の1階の条件は，

　　$r_c k - r_c + r_L - r_D k - C_L = 0$

　　つまり，

　　$(r_c - r_D)k - r_c + r_L - 2L = 0$

　　であり，最適貸出額（L^*）は，

　　$$L^* = \frac{(r_c - r_D)k - r_c + r_L}{2} \quad \boxed{答え}$$

　　です。

(5)　$L^* = \dfrac{(r_c - r_D)k - r_c + r_L}{2}$ より，$(r_c - r_D)$ であれば，

　　　　　　　　　$\ominus$　　$\oplus$　　$\ominus$　$\oplus$
　　$L^* = L^*(r_c, \ r_L, \ r_D, \ k)$

が得られます。最適貸出額（L^*）は，公定歩合（r_B）には依存していません。

Chapter XVI　民 間 銀 行

【知っておきましょう】　銀行行動の標準モデル

　金融論における最重要課題の1つは，金融政策のトランスミッション・メカニズムです。つまり，一方の極に，金融当局の金融政策手段があり，他方の極に，雇用・GDPがあり，金融政策手段から雇用・GDPへの伝達メカニズムの研究こそが金融論における最重要課題の1つです。一方の極に，金融当局（日本銀行）はいるのですが，日本銀行は個人や企業とは取引せず，銀行などの金融機関とのみ取引を行っています。ですから，日本銀行の金融政策手段が，雇用・GDPへどのような影響を及ぼすのかを学習するためには，まず金融政策が，金融機関（とくに銀行）にどのような影響を及ぼすのか，つまり，銀行行動を学習する必要があります。

　個別銀行が何をしているのかは，貸借対照表（バランスシート）を見れば分かります。ここでは，銀行のバランスシートを，

$$\beta D_0 + CL + L \equiv D_0 + CM + B_0$$

と定式化します（≡は恒等式の記号です）。ここで，β＝預金準備率，D_0＝本源的預金，CL＝コールローン，CM＝コールマネー，L＝貸出金，B_0＝日銀借入金です。下添字の0は当該変数が一定であることを示しています。

187

Chapter XVII

日本銀行

I ハイパワードマネーと金融調節

問題17-1　ハイパワードマネーとマネーサプライ

日本銀行と民間銀行の単純化された貸借対照表が以下のように示されています。以下の(1)〜(6)の問いに答えなさい。

中央銀行

資　　産		負　　債	
有価証券	160	日銀預け金	35
日銀貸出金	50	民間銀行の手元現金準備	5
外貨準備高	10	現金通貨	160
		政府当座預金	20

民間銀行

資　　産		負　　債	
支払準備金	40	要求払預金	320
有価証券	250	定期性預金	400
貸出金	560	譲渡性預金	80
		日銀借入金	50

(1) ハイパワードマネー（H）はいくらですか。

(2) マネーサプライM_2＋CDはいくらですか。

(3) 現金・預金比率（α）はいくらですか。

(4) 支払準備率（β）はいくらですか。

(5) 貨幣乗数（m）はいくらですか。
(6) (5)で求めた貨幣乗数の下で，ハイパワードマネーを20増加させたとき，マネーサプライはいくら増加しますか。

≪解答＆解答の解説≫

(1) H＝日銀預け金(35)＋民間銀行の手元現金準備(5)＋現金通貨(160)
    ＝200 **答え**

(2) M_2＋CD＝現金通貨(160)＋預金通貨(320)＋準通貨(400)
    ＋譲渡性預金(80)＝960 **答え**

(3) $\alpha = \dfrac{現金通貨}{預金通貨＋準通貨＋譲渡性預金} = \dfrac{160}{320＋400＋80} = 0.2$ **答え**

(4) $\beta = \dfrac{日銀預け金＋民間銀行の手元現金準備}{預金通貨＋準通貨＋譲渡性預金} = \dfrac{35＋5}{320＋400＋80} = 0.05$ **答え**

(5) $m = \dfrac{\alpha＋1}{\alpha＋\beta} = \dfrac{0.2＋1}{0.2＋0.05} = 4.8$ **答え**

(6) $\Delta M = m \cdot \Delta H = 4.8 \times 20 = 96$ **答え**

II 金融政策

問題17－2 金融政策

次の文章を読み，正しいと思われる場合にはT，誤りであると思われる場合にはFの記号で答えなさい。

(1) 日本銀行が民間銀行に対して貸出を行う場合の金利や，手形の再割引に適用される金利を，公定歩合という。銀行への影響が非常に大きいため，日本銀行が公定歩合操作を行う場合，財務省との事前協議を原則と

するなど例外的な金融政策となっている。
(2) 公開市場操作とは，中央銀行が手形や債券を不特定多数の顧客に売ったり（売りオペ），買ったり（買いオペ）することにより，マネーサプライを調整する金融政策である。日本において，手形・債券の売買は，通常，オープン市場で行われているためこの名称がある。
(3) 日本銀行が，現在の物価の下落傾向に歯止めをかけること（金融緩和）を政策目標として，公開市場操作を行うならば，買いオペレーションに踏み切るべきである。
(4) 預金準備率操作は，ハイパワードマネーを変更せずに，マネーサプライを調整する金融政策手段の１つである。日本銀行がこの方法で，金融緩和を行おうとするならば，準備率を引き下げればよい。

《解答＆解答の解説》
(1) F
　　公定歩合政策は日本銀行の専権事項です。
(2) F
　　日本では，手形・債券の売買は，通常，インターバンク市場で行われており，文字通りの公開市場操作とはいえません。
(3) T
(4) T

【知っておきましょう】　金融政策の運営
　金融政策の運営方式には，「２段階アプローチ」と「誘導型アプローチ」の２つの方式があります。２段階アプローチは「政策手段→操作目標→中間目標→最終目標（政策目標）」，誘導型アプローチは「政策手段→情報変数→最終目標（政策目標）」のフレームワークでそれぞれ政策運営を行うものです。

III 金融政策の波及経路

問題17－3　貨幣供給量と名目金利

貨幣供給量が増加しても名目金利が下がらないケースがあるが，その主な原因は次のどれですか。

① 債券価格が十分に高くなりすぎて，暴落の危険から債券保有に向かわないから。
② 債券市場が必ずしも効率的な市場でないから。
③ 名目金利は日銀が完全にコントロールしているから。

（「証券アナリスト第１次試験」平成11年度）

《解答＆解答の解説》

答え は①です。①は，「流動性のワナ」のケースで，債券価格の天井は金利の底を意味しています。債券価格の天井下では，将来債券価格は低下すると予想され，貨幣供給量を増やしても，その貨幣で誰も債券を購入しようとせず，すべて貨幣需要量の増加により吸収されてしまい，金利はそれ以下には低下しません。

【知っておきましょう】　金融政策の波及経路

(1) 金利メカニズムを通じた金融政策の波及経路

「金利メカニズムを通じた金融政策の波及経路」とは，「短期金利（操作目標）－（金利の期間別構造）→長期金利－（財貨・サービス需要の金利弾力性）→財貨・サービスに対する金利感応的需要－（乗数）→ＧＤＰ」を意味しています。

(2) マネーサプライ量メカニズムを通じた金融政策の波及経路

「金利メカニズムを通じた金融政策の波及経路」を前提とした金融政策の有効性の限界に対して，「量的金融緩和」，つまり「マネーサプライ量

メカニズムを通じた金融政策の波及経路」を重視する見解があります。
「マネーサプライ量メカニズムを通じた金融政策の波及経路」とは，「ハイパワードマネー（操作目標）－（貨幣乗数）→マネーサプライ－（貨幣と，各種金融資産・実物資産・異通貨建て資産間のポートフォリオ調整による金利・株価・地価・為替レートの変化と富の変化）→ＧＤＰ」を意味しています。

＜著者紹介＞

滝川　好夫（たきがわ・よしお）

1953年	兵庫県に生れる
1978年	神戸大学大学院経済学研究科博士前期課程修了
1980～82年	アメリカ合衆国エール大学大学院
1993～94年	カナダブリティシュ・コロンビア大学客員研究員
現　在	神戸大学大学院経済学研究科教授（金融経済論，金融機構論）
主　著	『現代金融経済論の基本問題―貨幣・信用の作用と銀行の役割―』勁草書房，1997年7月。『金融論の要点整理』税務経理協会，1999年11月。『金融マン＆ウーマンのための　金融・経済のよくわかるブック』税務経理協会，2001年1月。『金融に強くなる日経新聞の読み方』PHP研究所，2001年7月。『経済記事の要点がスラスラ読める「経済図表・用語」早わかり』PHP文庫，2002年12月。『入門新しい金融論』日本評論社，2002年12月。『ケインズなら日本経済をどう再生する』税務経理協会，2003年6月。『あえて「郵政民営化」に反対する』日本評論社，2004年3月。『やさしい金融システム論』日本評論社，2004年9月。『ファイナンス論の楽々問題演習』税務経理協会，2005年4月。『「大買収時代」のファイナンス入門』日本評論社，2005年6月。『ファイナンス理論【入門】』PHP研究所，2005年7月。『自己責任時代のマネー学入門』日本評論社，2005年9月。『郵政民営化の金融社会学』日本評論社，2006年1月。『金融モデル実用の基礎：Excelで学ぶファイナンス4』（共著）金融財政事情研究会，2006年10月。『ミクロ経済学の楽々問題演習』税務経理協会，2007年1月。『マクロ経済学の楽々問題演習』税務経理協会，2007年2月，『リレーションシップ・バンキングの経済分析』2007年2月。

著者との契約により検印省略

平成19年4月1日　初版第1刷発行	らくらく **金融論の楽々問題演習**
著　者	滝　川　好　夫
発行者	大　坪　嘉　春
印刷所	税経印刷株式会社
製本所	株式会社　三森製本所

発行所　東京都新宿区下落合2丁目5番13号　株式会社　税務経理協会
郵便番号 161-0033　振替 00190-2-187408　電話 (03)3953-3301(大代表)
FAX (03)3565-3391　(03)3953-3325(営業代表)
URL http://www.zeikei.co.jp/
乱丁・落丁の場合はお取替えいたします。

© 滝川好夫 2007　　　　　　　　　Printed in Japan

本書の内容の一部又は全部を無断で複写複製（コピー）することは，法律で認められた場合を除き，著者及び出版社の権利侵害となりますので，コピーの必要がある場合は，予め当社あて許諾を求めて下さい。

ISBN978－4－419－04936－2　C2033